어린 시인

어리다고 견뎌야 할 말은 없습니다

어린 시민

아거 지음

창비
교육

느닷없이 아빠가 되었습니다

어떤 부모가 될지, 어떻게 아이를 키워야 할지 별다른 고민을 하지 못한 채 아이가 생겼고, 어느덧 세 아이의 아빠가 되었습니다. 그렇게 아이와 함께 살게 되면서, 또 아이가 스스로 판단하고 행동할 줄 아는 나이가 되면서 미처 몰랐던 제 안의 모순을 보게 됩니다.

아이가 제 뜻에 어긋나는 행동을 하면 단호하게 "안 돼."라고 말합니다. 그러면서도 제 아이가 자기 의사에 따라 스스로의 행동을 결정짓는, 자유롭고도 독립적인 사람으로 성장하기를 바라고 있습니다. 어이가 없는 일입니다. 스스로 생각하고 행동할 자유를 '교육과 보육'이란 이름으로 억압하면서 한편으로는 자유와 독립을 이야기하고 있으니까요.

아이가 커 갈수록 아빠라는 존재가 자식을 억압하는 '권력자'가 될 수 있음을 깨닫곤 합니다. 아이를 독립적인 인격체가 아닌 부모에게 종속된 존재로 인식하다 보니, 저와 아이는 명령과 복종으로 이뤄진 권력관계로 지내 왔습니다. 그러면서도 저는 아이가 비판적으로 사유하고 성찰하며 사회에서 올곧은 목소리를 내는 시민이되기를 바랍니다. 경쟁에 함몰되지 않고 자신이 마땅히누려야 할 자유와 인권의 개념을 온몸으로 깨달으며, 사회의 부조리에 저항하는 민주 공화국의 시민이 되었으면합니다. 하지만 제가 아이에게 하는 말과 행동은 아이를시민에게서 더 멀어지게 하고 있습니다. 이 책은 바로 그런 문제의식에서부터 시작하였습니다.

민주주의는 제도이기도 하지만 태도이자 삶의 양식이기도 합니다. 민주주의를 배우는 가장 좋은 방법은 민주주의를 살아가는 것입니다. 앎과 삶의 일치가 필요한 거죠. 함께 살아가는 세상에서 타자, 즉 다른 사람을 어떤 태도로 대하는지가 민주주의 사회임을 가늠하는 척도가 됩니다. 타자와의 차이를 인정하지 않고 타자를 차별하거나 나이, 서열, 신분 등의 각종 특권에 사로잡혀 무시하는 행동은 민주주의와 거리가 먼 것이지요. 그런데도 저는 제 아이들을 억압하고 구속하고 있었습니다. 민주주의에 대한 앎과 삶의 분리가 제 안에서 일어났던 것입니다.

어느 때부턴가 제 안의 모순을 눈치챘습니다. 무심코 내뱉는 아이의 인격을 무시하는 말이 아이에게 어마어마한 폭력으로 가닿고 있음을 깨달았습니다. 어떻게 하면 고칠 수 있을지 고민하기 시작했습니다. 그러다 아이를 민주주의 사회의 시민으로, '어린 시민'으로 존중하고 어른과 동등한 존재로 인정하는 것이 필요하다는 생각을 하게 됐습니다. 그렇게 아이를 '어린 시민'으로 바라보니 고쳐야 할 저의 말과 행동이 확연히 눈에 들어오기 시작했습니다.

이 책은 일상에서 제가 아이들에게 건넸던 말과 아이

들이 어른에게 하는 말, 어른이 아이에게 무심코 하는 말에 숨겨진 억압의 기제를 읽어 낸 작업의 결과물입니다. 또 제가 아이들에게 했던 말과 행동을 반성하고 성찰하며 일상에서의 민주주의에 대해, 시민에 대해 고민한 작업의 결과물이기도 합니다.

저는 이 책을 부모와 자녀, 교사와 학생, '어른 시민'과 '어린 시민'이 함께 읽으면 좋겠습니다. 그리고 민주주의 사회에서 시민으로 어떻게 살아야 할지, 어떻게 하면 조건에 관계없이 서로를 동등한 존재로 인정할 수 있을지 함께 고민하게 되면 좋겠습니다. 부디 이 책이 우리 사회가 어린이와 청소년을 어린 시민으로 존중하는 사회로 나아가는 데에 작은 밑거름이 될 수 있기를, 마저 바랍니다.

차례

Part 1

어린 시민의 싹을 마르게 하는 가정

갓난아기였을 때, 아이는 보살펴야 하는 존재였습니다. 아이가 울음을 터뜨릴 때마다 살펴보고 불편해하는 점을 해결해 주었습니다. 하지만 아이가 크고 나서는 부모의 역할이 당연히 바뀌어야 했지요. 그런데 아이가 자기 의사를 갖고 자기주장을 하는 나이가 되고 나서도 여전히 저는 아이를 '보살펴야 하는 존재'로만 규정짓고 있었습니다. 자기 생각에 따라 의사를 표현하는 것이 분명 자연스러운 일인데 쉽게 받아들여지지가 않았습니다. 그러다 보니 제 틀에 아이를 끼워 맞추는 일이 잦아졌고 아이와 충돌하는 경우도 늘었습니다.

가정은 아이들이 대면하는 첫 세상입니다. 한 지붕 아래 부모, 형제자매와 부대끼며 사는 첫 사회입니다. 그리고 가정은 각기 독립적인 존재들로 이루어진 공동체입니다. 아이들은 아직 부모의 보살핌이 필요하지만 자신의 생각과 자아가 있는 개별적인 존재임은 분명합니다. 그런데 자유롭고 독립적인 아이들로 키워 내는 공간이어야 할, 아니 이미 자유롭고 독립적인 아이들이 자신의 존엄성을 마음껏 누리고 부모의 사랑을 느끼는 공간이어야 할 가정이 억압과 구속의 공간으로 작용하고 있지는 않을까요? 가족이란 이름으로, 부모란 이름으로, 아이들을 안전하게 키운다는 명목으로 아이들의 일거수일투족을 감시하며 평가하고 있지는 않을까요? 부모가 세운 기준 안에서의 자유만 허용하고 그 외의 자유는 일탈이란 이름으로 불허하고 있지는 않을까요?

이 물음에 저는 단호하게 아니라고 자신할 수 없습니다. 제 아이들을 자유롭고 독립적인 존재로 인정하고 있다고 말할 수 없습니다. 저는 미래의 시민이자, 현재에도 시민인 아이들의 시민성을 어떻게 억압하고 있었을까요? 과연 어떤 방식으로 저는 어린 시민의 싹을 제거하고 있었을까요?

1부는 어린 시민이 만나는 첫 사회이자, 어린 시민을 억압하는 가정에 대한 이야기입니다.

얼른 좀 일어나!

지시와 명령의 언어는
지시와 명령에만 따르는 아이를 만듭니다

아침은 언제나 분주합니다. 잠에서 깨자마자 씻고 옷 입고 출근 준비를 마칩니다. 그리고 아침 식사를 준비합니다. 간단한 식사지만 준비가 만만치는 않습니다. 그러고 나서 아직 잠들어 있는 아이들을 깨웁니다. 아이들이 일어나서 밥상에 앉기까지, 밥 먹고 세수하고 양치할 때까지, 옷 입고 가방 챙기고 등교 준비를 마칠 때까지 손이 많이 갑니다. 조금이라도 빨리 잠에서 깨 준비를 마치면 좋으련만 매일의 아침 시간은 획획 지나갑니다.

아이들이 늦잠을 자거나 잠에서 완전히 깨지 못해서 밥을 늦게 먹는 일이 생기면 회사에 늦을까 봐 마음이 조급해집니다. 밤새 어질러진 거실을 치우고 이부자리를 걷고 설거지도 해야 하는데, 어린이집에 다니는 막내 밥 먹이고 옷 입히고 가방 챙겨야 하는데……. 할 일이 여기저기에 있는데 시작부터 어긋나면 신경이 날카로워지기 마련입니다.

다행히 초등학교 4학년인 큰아이는 아침잠이 별로 없는 편입니다. 제가 깨우기도 전에 거실로 나와 있기도 합니다. 그런데 초등학교 2학년인 둘째는 아침잠이 많습니다. 거의 매일 둘째를 깨워서 밥상에 앉히는 게 일입니다. 손이 제일 많이 가는 셋째 역시 마찬가지입니다.

잠에서 못 깨는 아이를 보면 안쓰럽습니다. 곤히 자고 있는 아이를 깨울 때면 미안하기도 하지요. 하지만 저도 회사에 가야 하고 아이도 학교에 가야 하기 때문에 아이를 깨울 수밖에 없습니다. 처음에는 아주 부드러운 말투로 달랩니다. "일어나자, 학교 가야지." 미동도 안 합니다. 그러면 다음 단계가 시작됩니다. "지금 일어나면 아빠가 안아서 데리고 갈게. 지금 안 일어나면 그냥 간다." 조금 움찔거리기 시작한 아이는 짜증 섞인 기지개를 폅니다.

아이를 뒤로 하고 다시 주방으로 가서 아침 준비를 마저 합니다. 그러다 다시 아이에게 가서 이렇게 말하죠. "지금 안 일어나면 혼난다." 이때 일어나면 다행이지만, 그래도 일어나지 않으면 목소리가 커집니다. "그러니까 어젯밤에 일찍 자라고 했지. 빨리 안 일어나?" 이 말과 함께 아이를 억지로 일으켜 밥상머리에 앉힙니다. 저는 이미 화가 날 대로 나 있고, 아이 역시 짜증이 나 있습니다.

이때부터 제 입에서 나오는 것은 '명령어' 일색입니다. "얼른 밥 먹어.", "얼른 밥 먹으라고!" "얼른 세수해!" "이리 와, 머리 묶게." "가방 챙겨. 독서록이랑 일기장 넣었어? 어제 챙겼으면 좀 좋아?" "빨리빨리 좀 하자."

이런 상황이 거의 매일 아침 반복됩니다. 잔소리를 듣는 아이들은 쉴 틈이 없습니다. 잠깐이라도 딴짓이나 딴 생각을 할라치면 아빠의 잔소리가 줄을 잇기 때문이죠. 잔소리를 해 대는 저도 질리는데 그걸 듣는 아이들은 어떻겠습니까. 그러다 보면 아이들은 종종 울음을 터뜨립니다. 그러면 걸핏하면 운다고 또 혼이 나죠. 그렇게 아침을 보내고 회사에 갈 때면 마음이 무겁습니다.

처음에는 강압적으로 할 생각이 없었습니다. 전혀 없었죠. 어젯밤에 늦게 잤고, 아침잠이 많은 것도 잘 압니다. 저 역시 학교 가기가 싫어 늑장을 부릴 때가 많았기에 이해가 안 되는 것은 아닙니다. 그래서 어떻게 하면 큰 충돌 없이 깨울까, 별일 없이 학교 보낼까를 고민합니다만, 결과는 똑같았습니다. 언제나 끝은 짜증 섞인 지시와 명령의 말입니다.

대체 전 뭘 원하는 걸까요? 말 한마디에 벌떡 일어나는 로봇 같은 존재? 알아서 일어나서 자기 앞가림을 스스로 할 줄 아는 애어른? 사실 어른이라도 그렇게 매일 정확한 시간에 일어나지는 못하지 않습니까?

제 아이는 제게 어떤 존재인 걸까요? 돌이켜 보면 아이와 대화할 때 저는 지시하고 명령하는 말이 대부분이었습니다. 큰아이가 학교나 학원에 다녀와 이런저런 이야기를 합니다. 요즘은 학원에서 배우는 검도와 방과 후 교실에서 배우는 축구 이야기를 많이 하는데요. 오늘은 어떤 자세를 배웠다느니, 오늘은 새로운 숏을 개발했다느니 하는 내용이지요. 이야기를 잘 듣고 맞장구를 치거나 관심을 보이면 될 텐데, 항상 대화의 끝은 이런 식입니다. "학교에서 적어 온 알림장 보여 줘. 아빠가 뭐 챙길 것 없어?" "오늘 해야 할 일은 다 했어? 독서록은 썼고? 숙제는 다 했어? 빨리 쓰라고 했지? 언제 끝낼래?"

아이에게 아빠는 '빨리빨리 괴물'에 '잔소리 대마왕'일지도 모릅니다. 뭐든 빨리빨리 하라 하고 하기 싫은 요구 사항을 끊임없이 반복해서 말하고 있으니 말입니다. 입장 바꿔 생각해 봅니다. 잠에서 채 깨지도 못한 아이들은 멍 때릴 시간도 없습니다. 멍 때리고 있을라치면 아빠의 잔소리가 시작됩니다. 아침에 눈뜨자마자 무언가를 하라는 말만 계속해서 들으면 어떨까요? 기운이 빠지고 주눅도 들겠죠. 그러다 보면 짜증이 나고, 뭘 하든 제 마음대로 움직이지 못할 겁니다. 일거수일투족을 감시받는 느낌이겠죠. 이렇게 지시와 명령만을 일삼는 아빠의 내면에는 무엇이 들어 있을까요? 말로는 눈에 넣어도 아프지 않을 자식이라고 하면서 저는 왜 아이들에게 자유를 허용하지 않을까요?

답은 이미 알고 있습니다. 저에게 아이들은 가르침을 받아야 하는, 지시와 명령에 따라 움직여야만 하는 존재이기 때문이었습니다. 아직 스스로 뭘 할 줄 모르는 나이라고 생각했기에, 시간 개념이 형성되지 않았다고 생각했기 때문에 제 기준에 맞춰 지시와 명령을 일삼았습니다. 아이들보다 제가 더 우월하다는 인식, 학교에 지각하면 교사에게 혼이 나고 찍힐 것이라는 예단을 벽으로 삼아 아이들의 자유를 막았습니다.

무엇보다 '효율'을 앞장세웠기에 그랬습니다. 생각해 보면 정해진 시간 안에 최대한의 성과를 내야 하는 것과 제 아침 일상의 목표가 다르지 않습니다. 시계를 보면서 몇 시까지 밥 먹으라고, 몇 시까지 학교 갈 준비 마치라고 말합니다. 동선도 정해 주고, 할 일도 차례에 맞게 정해 줍니다. 그런데 아이들이 학교에 가는 시간은 아침 여덟 시 삼십 분입니다. 등교 시간이 아홉 시이기 때문에 사실 여덟 시 오십 분에 나가도 상관이 없습니다. 그런데 빨리 준비해서 아침에 도서관이라도 들르라는 게 부모의 바람입니다. 시간을 효율적으로 사용하라고 강권하는 것과 마찬가지입니다.

물론 아침에 일찍 일어나는 건 학교에 가야 하는 입장에서는 필요한 일입니다. 그런데 여기에도 '효율'과 함께 '성실'이 불가침의 이데올로기가 되어 아이들을 옥죄는 구속으로 작용합니다. 어렸을 때부터 저는 성실하라는 말을 귀에 못이 박히도록 들어 왔습니다. 개근상 말고 정근상을 받으면 부끄럽게 여겼습니다. 정근상을 받았다고 칭찬하는 어른들이 없었습니다. 아파서 죽을 것 같다고 했을 때 죽더라도 학교에 가서 죽으라는 말도 들었습니다. 그래서일까요? 별로 성실하지 못한 저이지만, 아이들에게는 성실을 강조합니다. 학교를 빠지는 것도, 등교 시간에 늦는 것도 허용하지 않습니다. 그러다 보니 다그치게 되는 거죠. 그런데 다그치는 것이 과연 효과적인 방법일까요? 민주적인 방법일까요?

아니라는 걸 압니다. 왜냐하면 아이들도 학교 갈 시간을 알고 있거든요. 그 시간에 맞춰 학교에 갈 수 있습니다. 가끔 제가 늦잠을 자서 아이들을 늦게 깨우면, 아이들도 시간을 보고 학교에 늦지 않기 위해 서두릅니다. 그런데도 저는 아이들을 다그치고만 있었던 것입니다. 쉽고 편한 방법입니다. 제 입장에서는요. 아이들과 이 주제로 대화하고 타협하는 것보다 아이들에게 지시하고 명령하는 것이 편합니다. 말하는 입이야 아프지만, 아이들은 다그치면 듣거든요.

그러나 이것이 아이들을 '어린 시민'으로 만드는 데는 걸림돌이 될 수밖에 없습니다. 아이들의 행동 하나하나에서 자유를 빼앗는 일이기 때문입니다. 효율과 성실이라는 기준에 맞춰 아이들을 재단하고 평가하고 꾸짖는 일이기 때문입니다. 제 몸 하나 제 생각대로 하지 못하는 아이가 '어린 시민'이 되기란 언감생심입니다.

아이들은 가르쳐야 하는 존재, 맞습니다. 지식을 전하고 이 사회가 정한 규범도 전해 줘야 합니다. 그러나 사라져야 할 관념까지 전할 필요는 없습니다. 그중 들머리에 서 있는 것이 아이들을 가르쳐야'만' 하는 존재로, 지시와 명령에 따르기만 하면 되는 존재로 격하하는 태도입니다. 그럴 때 아이들은 오로지 어른에게 종속된 존재가 될 뿐입니다.

상대방과 눈을 마주치고 대화하면 의외로 어떤 문제가 쉽게 풀리는 것을 경험합니다. 풀릴 것 같지 않던 문제도 아이와 대화를 하다 보면 이해가 됩니다. 그런데도 편한 방법만을 찾습니다. 다그침이 동반된 가르침, 아니 가르침으로 위장된 폭력을 휘두르는 셈입니다. 과연 이 상황에서 '어린 시민'이 발아할 수 있을까요? 우리가 시민으로서의 싹을 아이들에게서 일찌감치 제거하고 있었던 것은 아닐까요?

아이들과 대화를 해 봤습니다. 아침부터 저녁까지 아이들에게 잔소리를 하는 스스로에게 질려서이기도 합니다. 먼저 제 입장을 아이들에게 전했습니다. 아침에 아빠가 준비할 게 많다, 너희들이 조금만 일찍 일어나서 준비하면 아빠가 조급해하지 않아도 되는데 그러질 못하니 아침마다 날카로워진다, 앞으로는 아빠도 그러지 않도록 노력할 터이니 너희들도 아빠를 조금 도와주면 좋겠다 등등의 이야기를 했습니다.

별 이야기도 아니었습니다. 그런데 그 이야기를 들었

을 때 떠오른 아이들의 표정을 기억합니다. 처음에는 아빠가 또 잔소리를 하는가 싶은 의심 섞인 표정이었습니다. 그러다 아빠가 자신들의 이야기를 들을 준비가 되어 있다는 느낌을 받아서인지 표정이 조금 풀리며 이야기를 하기 시작했습니다. 일어나고 싶은데 일어나기가 힘들다, 밥을 먹으려 하고 양치도 하려고 하는데 그 전에 아빠가 화를 낸다, 아빠가 화를 내면 무섭다는 내용이었습니다.

해결은 싱거웠습니다. 이런 대화를 나눈 뒤 저도 달라지고 아이들도 달라졌습니다. 이제는 아침마다 잔소리를 하지 않습니다. 깨우고 그냥 둡니다. 그러면 아이들은 스스로 알아서 합니다. 아직까지 일어나는 데 시간이 걸리기는 하지만 잔소리는 확 줄었습니다. 아이들은 어떨지 모르지만, 제가 아이들의 입장을 이해했기 때문입니다. 정확히 말하면 아이들과 이야기를 나누며 무엇이 문제인지를 알게 되었기 때문이지요. 별다른 설명 없이 제 입장만 강요했던, 아빠는 아이들에게 지시와 명령을 내릴 수 있는 권력을 가진 존재라고 당연하게 생각했던 제가 문제였습니다.

아이들과 이야기를 나누고 이 글을 쓰게 되면서 확연히 알게 됐습니다. 가정에서 일상적으로 이뤄지는 지시와 명령의 언어가 지배자와 피지배자를 나누게 된다는 것을요. 그래서 이제는 지시하고 명령하기 전에 아이들과 이야기를 나눕니다. 그러고 나니 한결 나아졌습니다. 그렇게 잠을 못 깨던 둘째 아이가 오늘 아침 깨우지도 않았는데 거실로 나온 것처럼 말입니다. 대화하길 잘했습니다.

어른들 말에 말대답하면 안돼

아이들에게도 자유롭게 말할 수 있는
권리가 있습니다

지시와 명령 일색으로 아이들에게 이야기하면 가끔 아이들이 반발합니다. 그게 아니라고 때로는 분노에 차서, 때로는 울음을 섞어서 일성을 내지릅니다. 아이들은 아빠가 자신의 말과 행동을 오해했다고, 억울하다고 말합니다. 때로 그 말에 귀를 기울입니다만, 대부분은 제 할 말만 하고 맙니다.

우습게도 '논리'를 앞세우죠. 삼단 논법을 통해 네가 잘못한 것이라는 점을 강조합니다. 그러면 아이들은 말문이 막힙니다. 저도 경험해서 압니다. 제 할 말만 하는 사람 앞에서는 말이 갈 곳을 잃습니다. 아무리 아니라고 항변해도 아빠에게 먹혀들지 않습니다. 그걸 알면서도 아이들이 무언가를 계속 이야기하면 저는 이렇게 말합니다. "어디서 말대답이야?"

어렸을 때부터 들어 왔던 말입니다. 어른에게는 말대답을 해서도, 말대꾸를 해서도 안 된다고 배웠습니다. 여기에 의문을 품지도 않았죠. 그런데 왜 말대답을 하면 안 되는 걸까요? 어른들의 의견에 동의하지 못할 때 다른 의견을 내세우는 것을 왜 말대답이라는 말로 폄하할까요?

말대답의 사전적 의미는 "손윗사람의 말에 반대한다는 뜻을 이유를 붙이어 말함. 또는 그런 대답."입니다. 뜻 자체에 사람 사이의 상하 관계가 담겨 있지요. 이에 비해 말대꾸는 "남의 말을 듣고 그대로 받아들이지 아니하고 그 자리에서 제 의사를 나타냄. 또는 그 말."을 뜻하기에 중립적인 단어라 생각하기 쉽지만 실제 사용하는 맥락을 살피면 말대답과 큰 차이가 없습니다.

민주주의는 다른 의견을 허용하는 체제입니다. 그러니

얼마든지 말로 누군가를 설득할 수 있고, 반대로 누군가에게 설득당하기도 하지요. 말 대신 폭력을 휘두르면 그건 민주주의가 아니라 전체주의 체제입니다. 그러니 말대답이든 말대꾸든, 다른 의견이 절대적으로 보장되어야 합니다. 일상에서도 말이죠.

그러나 현실에서 말대답은 쉽게 허용되지 않습니다. 아이들과의 대화에서도 저는 '말대답'이라는 단어를 걸핏하면 입에 올립니다. 때로는 "사내자식이 말대답이나 하고 말이야."처럼 애꿎은 성별을 들먹이며 제 아이를 비하하는 일도 서슴지 않습니다. "어른이 말하는데 어디서 끼어들어!"란 말도 합니다. 둘째 아이가 오빠의 잘못에 대해 말할 때도, 그 말의 진위 여부와 상관없이 고자질은 나쁘다고 이야기합니다. 아빠의 이런 말과 행동은 아이들의 말문을 틀어막습니다. 아빠의 의견과 다른 의견은 절대 허용하지 못한다면서 윽박지르는 것과 다름없지요.

우습게도 저는 아이들에게 그렇게 행동하면서 성인들과 대화할 때에는 민주주의 사회라면 다른 의견일지라도 존중받을 수 있는 절대적인 권리가 있어야 한다고 주절

거립니다. 이따금 누가 제 의견을 묵살하면 스스로의 존엄성을 무시당했다며 길길이 날뜁니다. 복수의 칼을 갈기도 합니다. 그만큼 남과 다른 의견을 스스럼없이 주장할 수 있는 것은 인간의 존엄성과도 밀접한 관계가 있습니다. 그러면서 저는 아이들의 존엄성을 무시합니다. 왜 그럴까요?

첫째는 아이들에게 '순종' 내지는 '복종'을 원하기 때문입니다. 권위주의의 부당함에 대해 잘 알고 또 그에 맞서야 한다는 것을 알고 있지만, 자식이 제 권위에 저항하는 모습은 잘 받아들이지 못합니다. 평소에는 별문제가 없지만, 의견이 충돌하게 되면 제 의견에 따를 것을 요구합니다. 그 밑바탕에는 아이들보다 제가 더 많이 배우고 더 오래 살았다는, 더 경험이 많다는 생각이 있습니다. 그러니 다른 의견을 제시하는 아이들의 말을 아주 쉽게 말대답으로 규정하고, 의견을 꺾어 버리는 것이죠. 자기주장을 허용하지 않는 것입니다. 자기주장을 하는 것은 시민이 갖춰야 할 기본 중의 기본 태도인데도 말입니다.

둘째는 어린아이에 대한 믿음이 부족하기 때문입니다.

아이의 행동에 대해서는 아이가 더 잘 압니다. 본인이 한 행동이잖아요. 그런데도 저는 제가 아이에 대해 더 잘 알고 있다고 여깁니다. 갓난아기 때부터 키웠으니, 그 성향도 성정도 알고 있으니, '이래서 이런 거다' 하고 규정짓는 거죠. 더 나아가 아이가 거짓말을 하고 있다고 속단해 버립니다. 그러니 아무리 아이가 제 입장을 밝혀도 믿지 못하는 것입니다.

셋째는 마치 아이에게 생각과 인격이 없는 것처럼, 아이를 제 소유물로 보기 때문입니다. 소유물에 불과한 아이가 자신도 존중받아야 할 인간이라고 이야기하니 불쾌한 겁니다. 부모가 흔히 저지르는 실수가, 아니 실수를 가장한 거대한 폭력이 아이를 부모에게 예속된 존재로 인식하는 것입니다. 무한한 애정을 아이에게 주는 듯하지만, 그건 아이가 저의 뜻대로 움직이며 제 손아귀에 있을 때 가능함을 최근 깨달았습니다. 조금만 다른 의견을 이야기하더라도 남이 다른 의견을 이야기하는 것보다 더 불쾌해하고 분노하고 있더라고요. 제 내면에 이런 어마어마한 폭력성이 숨겨져 있었습니다.

아이들이 말을 하다가 울먹이는 것은 말이 통하지 않기 때문입니다. 아이의 설명을 변명으로 둔갑시키는 아빠보다, 차라리 벽에 대고 이야기하는 것이 더 나을 수도 있습니다. 벽은 그래도 말대답한다고 뭐라 하지는 않을 테니까요.

저처럼 제 큰아이도 물건을 잘 챙기지 못합니다. 잘 잃어버리고, 학교 숙제도 잘 까먹습니다. 저 역시 그랬습니다. 비 오는 날 우산을 들고 나갔을 때 비가 그치면 우산을 까먹고 오는 경우가 부지기수였습니다. 그래서 그럴 수 있다고 생각합니다만, 부모가 되고 보니 용납이 잘 안 됩니다. 한두 번은 그럴 수 있다고 생각하며 잘 챙기라는 말과 함께 넘어갑니다. 그런데 그게 반복되면 화가 납니다. 대체 몇 번이나 얘기했는데 알아듣지 못하나 하는 생각이 듭니다. 답답한 마음을 금할 수가 없습니다. 그 답답함은 아이에게 비수가 되어 날아갑니다. 때로는 한숨이 비수가 될 것이고, 한숨과 함께 내뱉는 한 마디 말—넌 대체 아빠 말을 어디로 듣는 거냐 따위의—이 비수로 날아갑니다. 이에 대해 아이가 답을 하려고 하면 윽박지릅니다. 뭘 잘했다고 변명하냐면서 말이죠.

말은 그 사람의 인격을 나타내는 척도라 하는데, 제가 아이에게 하는 말을 제삼자가 들으면 저는 얼굴도 못 들고 부끄러워 죽을 지경이 될 겁니다. 그런데 아이한테는 아무렇지도 않게 저런 말을 내뱉습니다. 아이를 제 소유물로, 순종과 복종의 대상으로 보기 때문입니다. 아이를 사랑해서 하는 말이니 어떤 말을 해도 괜찮다고 여기기 때문입니다. 목적이 올바르니 어떤 수단을 사용해도 괜찮다는 생각인 게죠. 그러니 노예에게 할 법한 말을, 맨날 사랑한다고 말하는 자식에게 하고 있는 겁니다. 그래서 그럴까요? 아이들은 엄마 아빠가 퇴근하기 전, 자기들끼리 있는 시간을 더 좋아하는 듯합니다. 하긴 저 같아도 그러겠습니다. 엄마 아빠가 퇴근하면 또 다시 지시와 명령이 시작되고 옴짝달싹할 수 없는 상황에 처하게 되니까요.

이런 상황에서 시민의 싹은 시들어 가고 아이는 점점 무기력해집니다. 뭘 해도 자기 뜻대로 하지 못할 때 유일하게 할 수 있는 저항이 아무 것도 하지 않고, 무슨 일에도 의욕을 보이지 않는 '무기력'이기 때문이죠.

또 하나 제가 절실히 느끼는 문제는 아이들이 자기에게 안 좋거나 난처한 일이 생기면 '부모 탓'을 한다는 겁니다. 어느 때부턴가 아이들에게서 조금 이상한 낌새가 느껴졌습니다. 분명 제가 하라고 한 것도 아닌데 어떤 일이 잘못되면 아빠 탓을 하기 시작했습니다. 심지어 학교에서 있었던 안 좋은 일도 아빠 탓이라는 뉘앙스로 이야기하더군요. 억울했습니다. "왜 내 탓이야?"라는 말이 절로 나왔습니다.

그런 일이 반복되었습니다. 이유를 생각하다 내린 결론은 '내가 아이들의 말과 행동을 억압했기 때문이 아닐까'였습니다. 아빠 엄마 말대로 행동했는데 결과가 좋지 않았던 사실을 모든 일에 적용했다는 생각이 들었습니다. 자기 책임을 부모에게 넘겨씌우는 것인데, 그 근본 원인은 부모에게 있겠지요. 아이들을 독립된 개인으로 인정하지 못한 부모, 그런 부모와 함께 지내며 자기 자신을 독립적인 존재로 생각하지 못하는 아이. 이런 환경이 아이로 하여금 가정 내의 권력자인 부모에게 맞서게

했다고 생각합니다.

아이들에게 지적과 명령을 하고 그에 반발할 경우 말대답한다고 침묵을 강요하면, 아이들을 독립적인 존재로 키워 낼 수 없습니다. 그래서 "어른들 말에 말대답하면 안 돼."는 폭력의 언어입니다. 다른 의견을 허용하지 않은 채 입 닫고 귀 막고 하라는 대로 하라는, 복종을 강요하는 언어일 뿐입니다.

이런 언어를 수시로 사용하면서 별 불편함을 느끼지 못하는 부모와 사는 아이들의 현재와 미래는 어떨까요? 아무것도 자기 뜻대로 할 수 없다는 무기력과 자기주장을 내세우지 못하는 복종이 몸과 마음에 밴 어른으로 자라지 않을까요? 부당한 권력에 항거 한번 제대로 하지 못하고 순응이 최고의 선이라고 생각하는, 비판 의식 없는 국민이 되지 않을까요? 자유롭게 행동하고 그 행동을 책임지는 독립적인 성인으로 자라기보다 다른 이의 말에 휘둘리면서 일이 잘못되면 남 탓을 하는 종속적인 존재가 되지 않을까요?

이제는 저 말을 입에 담지 않습니다. 아이들의 말을 가

로막지도, 눈을 부릅뜨지도 않습니다. 그 덕분일까요? 왠지 아이들이 엄마 아빠의 퇴근 시간을 전보다는 조금 기다리는 것도 같습니다. 아빠 탓도 조금 덜해졌습니다.

이게 다 널 위해서야

아이들은 부모의 불안을
해소하는 존재가 아닙니다

아이들을 설득하기 어려울 때 흔히 하는 말이 있습니다. "이게 다 널 위해서야." "다 널 위해서 하는 말이야."

그렇지 않다는 것, 아이도 알고 저도 압니다. 아이한테 하는 잔소리는 아이를 위해서 하는 말이 아닙니다. 포장은 그럴싸하죠. 올바른 길을 제시한다는 명목하에 저는 이렇게 말합니다. "신발 꺾어 신지 말라고 아빠가 얘기했지. 신발 꺾어 신으면 걸음걸이가 안 좋아진단 말이야.", "손톱 좀 그만 물어뜯으면 안 돼? 병균 옮는단 말이야.",

"그렇게 자주 울면 아빠가 무슨 말을 할 수 있겠니? 울지 말고 자기 말을 분명히 해야지."

말만 봐서는 아이를 위한다는 게 빈말은 아닌 것처럼 여겨지죠. 하지만 그 근저에는 제 취향이 듬뿍 담겨 있습니다. 신발을 꺾어 신으면 불량하게 보여서 싫어합니다. 손톱 물어뜯는 건 보기에 안 좋고, 아이가 말을 하지 못하고 울음부터 터뜨리면 짜증이 납니다. 그러니 모두 아이를 위한다고는 하지만 사실 절 위해서 하는 말입니다. 속이 터질 것 같아 아이에게 말로 된 비수를 꽂으며 그 스트레스를 푸는 것밖에 안 됩니다. '널 위해서'라는 그럴싸하면서도 속이 다 보이는 말과 함께 말이죠.

부모의 흔한 실수 중 하나가 아이의 자유를 보류한 채 아이를 구속하는 것을 아이를 위하는 방법이라고 생각한다는 점입니다. 말로만 그런 것이 아니라 진심으로 그렇게 생각합니다. 자기가 하는 거짓말을 진실이라고 믿는 거죠.

부모는 당장 뛰어놀고 싶어 하는 아이를 책상에 붙잡아 앉힙니다. 공부를 해야 한다고, 숙제를 해야 한다고 말이죠. 그러면서 "우리 집은 다른 집에 비하면 공부 시키는 축에도 못 낀다."라는 자기 합리화에 불과한 말을 하고, "이게 나 잘되려고 하는 짓이야? 다 너 잘되라고 하는 소리야." 등의 말 같지 않은 말을 덧붙입니다. 그런데 사실 자식이 공부 잘하면 자신이 좋으니 공부시키는 겁니다.

다산 정약용은 자식이 글 읽는 소리만큼 듣기 좋은 것이 없다고 했다는데, 저도 마찬가지입니다. 공부를 하고 책을 보는 모습이 참 좋습니다. 공부를 잘해야 한다는 생각이 머리에 뿌리박혀 있기 때문일지도 모릅니다. 생각해 보면 "책 좀 봐."라는 말은 자주 하지만 "운동 좀 해."라는 말은 거의 안 합니다.

이런 생각도 합니다. 불안에서 벗어날 수 있어서, 안심할 수 있어서가 아닌가 하는 거죠. 아이가 공부를 하고 있으면 거의 대부분을 공부로 평가하는 이 사회에 잘 편입할 수 있을 것 같거든요. '학교에서 무시당하지 않을 수 있겠구나' 하고 안심하기도 합니다.

여기서 스스로에게 질문을 하나 던져 봅니다. 아이를 위한다고 말하는 부모에게 아이는 어떤 존재일까요? 아마 보호해야 할 존재일 겁니다. 건강하고, 사회에서 제 몫을 할 수 있도록 아이가 성인이 될 때까지 보호해야 한다는 생각은 일견 당연해 보입니다. 맞습니다. 우리는 주위의 수많은 위험에서 아이를 지킬 의무가 있습니다.

어린이와 관련된 가슴 아픈 사건이 심심치 않게 벌어집니다. 학원 버스를 타고 있을 때나 스쿨 존에 있을 때 생긴 교통사고, 어린이집이나 유치원에서 일어난 학대, 성적을 비관한 자살 등의 사건이 종종 뉴스로 전해집니다. 제목만 봐도 가슴이 뛰고 잠시 떠올리기만 해도 끔찍합니다. 그런 뉴스를 보면 저는 그 아이의 부모를 생각합니다. 아이가 위험에 처했을 때 그 현장에 있지 못해서 자학하고 있을 부모를요. 위험에서 아이를 보호하려는 마음은 부모 대다수가 본능적으로 갖고 있을 겁니다.

그런 생명과 건강의 위협에서 아이를 보호하는 것 외에 아이의 미래를 위해 보호한다고 하는 말과 행동은 대부분 아이의 독립성을 해치게 됩니다. 공부를 못하면 학교에서 무시당한다, 축구 등의 운동을 잘해야 친구들에게 인정받는다, 학원을 안 보내면 다른 아이보다 뒤처질

까 봐 불안하다, 한번 자신감이 떨어지면 학교생활이 순조롭지 못하다 등등. 부모의 이런 '불안'을 해소하기 위해 아이를 보호한다는 명분으로 아이의 자유를 해치는 일이 다반사로 벌어집니다.

부모는 자기 아이가 다른 아이보다 뛰어나길 원합니다. 말로는 다른 아이와 비슷하기를, 뒤떨어지지만 않기를, 평범하기를 바란다고 말하지만 속으로는 특별하고 뛰어나기를 바란다는 겁니다. 너도 알고, 나도 아는 겸양의 표현인 거죠. 저도 다르지 않습니다. 아이가 공부를 월등히 잘하기를 원치 않는다고 말했었지요. 실제로 그런 것 같았습니다. 그런데 시험을 봤을 때 동그라미표보다 가위표가 많으면 갑자기 속상합니다. 우리 애가 이 정도는 아닌데, 하는 생각이 자연스럽게 들고 결국 아이를 잡게 됩니다. "다 맞출 수 있었던 문제인데 네가 산만해서 문제를 제대로 안 보고, 다 푼 뒤에도 한 번 더 안 봐서 그런 거다."라고 하면서요. 어쩌면 진짜 실력일 수도 있는데 말이죠.

경험적으로 우리는 공부를 잘하는 모범생이 얻는 사

회적 지위를 잘 알고 있습니다. 부모들은 자기 자식이 그 대열에 합류하길 원합니다. 물론 처음부터 계획적으로 사교육을 시작하는 부모는 많지 않을 수도 있습니다. 저 같은 경우는 초등학교 1학년 때부터 아이들에게 영어를 배우게 했습니다. 영어로 된 비디오를 보고, 책을 보고, 오디오를 듣게 한 겁니다. 아내가 먼저 하자고 했고, 저도 동의했습니다. 초등학교 3학년 때부터 영어를 배우는데 대부분의 아이들이 영어를 미리 배워 오기 때문에 기초부터 가르치지 않는다, 그래서 뒤떨어질 수 있다는 말을 듣고서였습니다. 부모의 불안 심리를 건드린 거죠.

부모의 불안에서 비롯한 교육이 주변에서 많이 이뤄지는 것을 봅니다. 이때 아니면 안 된다, 지금부터 하지 않으면 늦는다면서 선행 학습을 시킵니다. 뭐가 맞는지는 모르겠습니다. 그래서 저는 아이가 그걸 좋아하느냐, 본인의 의지로 시작한 일은 아니지만 본인의 의지로 계속하느냐로 판단해 보곤 했습니다. 제 아이는 정말 하기 싫어했습니다. 부모가 하루라도 챙기지 않으면 그냥 넘어가곤 했습니다. 3년이나 영어 공부를 시켰지만 제자리였습니다. 그래서 결국 영어 학원을 보내게 됐습니다만, 과연 아이가 즐겁게 배울 수 있을지는 미지수입니다. 검도나 축구 이야기는 하루도 빠짐없이 하는데 영어 이야기는 물어보지 않는 이상 안 하는 것을 보면 별로 즐겁지 않은 듯합니다. 그런데도 저는 영어 학원을 계속 보낼 겁니다. 제 불안을 해소하기 위해서, "다 너를 위해서야."란 말과 함께 말이죠.

그런데 '누구를 위해서'란 말은 그 함의를 잘 따져봐야 합니다. 정치권에서 '국민을 위해서'라는 말을 주로 하는데요. 독재자들도 국민을 위해서란 말로, 나라를 위해서란 말로 국민을 억압했습니다. 때로는 국민을 학살하기까지 했습니다.

미국의 제16대 대통령 에이브러햄 링컨이 1863년 게티 즈버그에서 했던 연설 중에 민주주의와 관련된 중요한 내용이 담겨 있습니다. "government of the people, by the people, for the people." '시민의, 시민에 의한, 시민을 위한 정부'라는 뜻이지요. 참 좋은 표현입니다만, 이 중에 주의해야 할 것이 있습니다. 'by the people'이

빠진 'for the people'입니다. 시민의 참여가 보장되지 않은 상태에서 시민을 위한다는 정치가 이뤄지는 것은 권력을 잡은 정부가 시민을 억압하며 독재를 펼치는 것임을 의미합니다. 그 정치에 민의가 반영되지 않았기 때문이죠.

마찬가지로 아이의 의사가 전혀 반영되지 않은 채 아이를 위한다며 아이에게 뭔가를 시키는 행위는 반민주적일 수 있습니다. 아이가 원하지 않는 일을 아이의 의사와는 무관하게 시키는 것이니까요. 그래서 고통받는 건 아이입니다. 부모 역시 불안에서 영원히 벗어날 것 같지 않아 고통스럽기는 마찬가집니다. 해결은 쉽지 않습니다. 누가 잘못했다고 명확히 판단하기가 어렵기 때문입니다. 개인과 사회 모두 바꾸어야 가능하겠지만 그렇다고 손 놓고 있기엔 너무 꺼림칙합니다.

이럴 때는 어떻게 해야 할까요? 아이를 위한다는 부모의 마음에 진심이 없다고 말할 수는 없습니다. 살아 봤기 때문에, 이 사회가 어떤 인간을 특별히 대우하는지 알고 있기 때문에 부모는 아이를 위해 아이의 공부에 목맬 수

밖에 없습니다. 그래서 아이는 자기 의사가 반영되지 않은 일을 의무적으로, 부모 눈치를 보면서 해야 합니다. 대화와 타협밖에 방법이 없을까요? 사실 이 대화도 부모가 이미 우위를 점하고 있기에 아이 입장에서는 지고 들어가는 게임이 되기 십상입니다.

그럼에도 대화해야 하지 않을까요? 단, 아이를 보호해야 할 존재로만 볼 것이 아니라 자기 의견이 있는 어린 시민으로 보고, 'by'와 'for'를 함께 이야기하면서 말입니다.

엄마 아빠 말 잘 들을게요

아이들에게 순종과 복종만을
강요하고 있지는 않은지 살펴야겠습니다

큰아이의 유치원 졸업식 때였습니다. 생전 처음 부모가 된 저희 부부와 함께 좌충우돌하면서 자란 아이여서 그런지 대견했습니다. 유치원 친구들과 장난치는 아이를 바라보며 즐거운 마음으로 졸업식이 진행되는 모습을 지켜보고 있었습니다. 다른 부모들도 그런 마음이었는지 만면에 웃음을 띠고 아이들을 바라보고 있었습니다.

그런데 한 장면에서 저는 눈살을 찌푸리고 말았습니다. 유치원에서 준비한 영상 때문이었습니다. 영상에서는 그날 졸업하는 아이들이 한 명씩 나와 부모에게 하고 싶은 말을 전하고 있었습니다. 우리 아이가 언제 나올까 기다리며 까치발을 한 채 영상을 보고 있었습니다. 그런데 뭔가 이상했습니다. 부모에게 전하는 감사의 말의 내용이 어슷비슷했기 때문입니다. 대체로 세 가지 말이 꼭 들어갔습니다. 첫째, 그동안 키워 주셔서 감사하다. 둘째, 학교에 들어가면 공부 열심히 하겠다. 셋째, 부모님 말씀을 잘 듣는 착한 어린이가 되겠다.

제 아이도 비슷한 말을 하더군요. 그걸 보는 제 마음이 편치 않았습니다. '누가 시킨 것 같지도 않은데 왜 아이들이 모두 비슷한 말을 할까?'가 처음 느낀 불편함이었습니다. 그다음으로 '공부가 다는 아닌데 학교 가면 왜 공부 열심히 하겠다는 말을 할까?'가 걸렸고, 제일 크게 걸린 것이 부모님 말씀을 잘 듣겠다는 말이었습니다. 그 말이 당최 뇌리에서 사라지지 않았습니다. 왜 그런 말을 했을까요?

아마 그게 부모에게 듣는 가장 흔한 말이기 때문일 겁니다. "말 좀 잘 들어.", "엄마 아빠 말 좀 들어.", "말 잘 들으라고 했지?" 오늘도 저는 이 말을 아이들에게 했습니다. 그리고 "말 잘 들을게요."란 말이 기어코 아이들의 입에서 나오게 합니다. 여기서 말 잘 들으라는 말은, 부모가 하는 말을 귀담아들으라는 뜻이 아니라는 것은 확실합니다. 부모 말에 순종하고 복종하라는 의미지요. 친척 어른들에게도 아이들은 이런 말을 듣습니다. "엄마 아빠 말 잘 들어." 그러면서 용돈을 쥐어 주기도 합니다. 학교에 다니고 있으면 "선생님 말씀 잘 들어라."란 말도 듣습니다. 결국 '어른 말을 잘 들으라'는 겁니다.

저도 어릴 때 어디를 가든 어떤 어른을 만나든 저 말을 많이 들었습니다. "부모님 말 잘 들어라."라고 하면서 말미에 이런 말도 덧붙입니다. "그래야 착한 아이지."

유치원 졸업식 때문에 아이들이 하는 말을 영상으로 모아서 봤기에 이 말의 이상함을 깨달을 수 있었습니다. 그러지 않았다면 평생 모를 수도 있었습니다. 습관적으로 덕담이라고 하는 말들이기 때문입니다.

어른이 아이에게 습관적으로 하는 말은 일정한 방향이 있을 뿐만 아니라 아이가 지켜야 할 규범처럼 인식됩니다. 그 말에 따르면 아이는 언제나 어떤 권위에 복종해야 하는 존재입니다. 부모와 교사가 항상 옳지는 않은데, 또 부당하거나 버거운 요구를 할 수도 있는데 무조건 말을 잘 들으라고 합니다. 그래야 착한 아이가 됩니다. 부모 말 안 듣는 아이는 나쁜 아이일 뿐이죠. 아이가 부모의 말을 따르지 않는 경우 죄의식을 느낄지도 모릅니다.

조금만 생각하면 말 잘 들으라는 말은 권력자에게 복종하라는 너무나 직설적인 메시지입니다. 아이들은 이 말을 자라는 내내 듣습니다. 첫 시작은 가정이지만, 학교에 가도, 또 사회에 나가도 이 메시지는 큰 힘을 발휘합니다. 그 규범에 기대 순종은 미덕이자 선이 되고, 불복종은 부덕이자 악이 됩니다. 이견을 말하기보다 우선 고개를 숙이길, 지시에 따르길 원합니다.

부모 입장에서는 편합니다. 아이가 저 말에 담긴 이데올로기를 내면화하면 '무조건 반사'처럼 부모의 말을 즉각 따르는 '착한' 아이가 되기 때문입니다. 아이와 말다툼을 할 필요도 없고, 말이 길어질 이유도 없습니다. 갈등이 없으니 남들 보기에도 부끄럽지 않은 모범적인 가정이 된 것 같이 느껴집니다. 내 아이가 '정상'적이고 '모범'적인 듯하여 흐뭇하기도 합니다. 하지만 과연 그럴까요?

제가 보기에 저 말은 권위에 무조건 복종하라는 뜻을 담고 있기 때문에 불편하고, 또 인간이 인간에게 복종하는 것을 자연스러운 질서처럼 여기게 한다는 점에서 더 불편합니다. 평등한 존재로서의 인간으로 이루어진 사회가 아닌, 권력에 따라 서열과 신분이 나뉘는 사회를 당연하게 여기도록 만듭니다. 너보다 높은 사람, 너보다 권력이 많은 사람, 너보다 돈이 많은 사람, 너보다 사회에서 인정받는 사람, 너보다 성공한 사람에게 복종하라는 말과 다를 바가 없습니다.

시민에 대해 다시 한번 생각해 봅니다. 민주주의 사회의 시민은 국가 권력을 잡은 이들을 '해고'할 권리가 있습니다. 정권이, 정부가 시민의 뜻과 다르게 행동할 때, 시민의 인권을 억압할 때, 표현의 자유를 비롯한 시민의 권리를 침해할 때 시민들은 투표로, 때로는 집회와 시위로 자신들의 분노를 표합니다. 그리고 뒤집습니다. 시민들의 뜻을 전합니다.

멀리 갈 것도 없습니다. 2016년 촛불을 든 시민들이 한 행동을 보면 알 수 있습니다. 이들은 부당한 정치권력에 복종하지 못하겠다, 사익을 챙겼다고 의심되는 대통령을 탄핵하겠다는 뜻을 집회와 시위라는 불복종의 형태로 전달하여 거리 곳곳에서 끊임없이 촛불을 밝힌 것입니다.

사정이 이러한데 불복종이 과연 부덕이고, 악일까요? 아닙니다. 때로 불복종은 민주주의의 지평을 넓히고 시민의 권리를 넓혀 온 데 혁혁한 공을 세웠습니다. 문제는 무엇에 불복종하느냐에 있을 뿐입니다.

민주주의 사회의 시민이라면 불복종을 악이라고 치부하지 말아야 합니다. 언제든 내 권리, 내 인권을 침해당했다 생각하면 그 부당함에 맞설 줄 알아야 합니다. 하지만 어릴 때부터 어른의 권위에 복종해야 하며 더 나아가 인간이 인간에게 복종하는 것이 당연하다는 생각을 내면화하게 되면 불복종은 힘들어지고, 결국 아주 당연한 권리도 침해당할 수 있게 됩니다. 그래서 불편합니다.

또 하나 불편한 이유는 갈등이 일어나지 않게 된다는

겁니다. 어른 말에 순종하면 갈등이 일어날 소지가 없습니다. 오로지 지시와 따름만이 있을 뿐입니다. 그러나 민주주의 사회에서 갈등만큼 중요한 것이 없습니다. 갈등이 일어나고 그 갈등을 해결하는 과정에서 토론이 이뤄집니다. 각자 처한 입장을 이해하고 타협하며 균형을 찾아 서로 만족하는 결과를 도출해 내는 것, 그것이 민주주의가 가진 힘입니다.

갈등이 표면에 드러나지 않는다고 해서 불만이 없는 건 아닙니다. 다만 그 불만을 이야기할 기회와 통로가 없기에 내면에 담아 두고 있을 뿐입니다. 이는 시한폭탄과 같습니다. 폭력적인 방법으로 터질 가능성이 크기 때문입니다. 소수의 사람들에 의해 갈등이 봉합되는 것도 마찬가지입니다. 민주주의 사회에서 갈등은 표면으로 드러나고, 공론장에서 논의되어야 합니다. 시간이 다소 오래 걸리더라도 타협을 거침으로써 어느 한쪽의 일방적인 희생을 요구하지 않는다는 점에서 합리적인 방법이라고 할 수 있습니다.

아이들에게 순종과 복종을 요구하는 것은 갈등을 인

정하지 않는 권위주의적 질서를 만드는 것입니다. '화목한 가정'을 만들어야 한다는 생각이 절대적으로 따라야 할 불가침의 원칙이 되면 가정 내에서의 갈등은 생기지 않습니다. 하지만 아이들 내면에 생기는 불만까지 없앨 수는 없습니다. 그리고 그 불만은 이상한 곳에서 터져 나올 수 있습니다. 제 아이의 경우 느닷없는 울음으로 나타나곤 했습니다. 혼난다는 느낌만 들어도 울음을 터뜨리고 억울하다고 소리칩니다. 왜 우냐고 물어보면 대답을 하지 않습니다. 끝끝내 대답하지 않습니다. 말해도 제가 듣지 않을 것이라고 생각하는 듯합니다.

만약 제가 복종을 강요한 것이 아니라 불만을 듣고 갈등을 확인하며 대화로 문제를 해결해 왔다면 어땠을까요? 저도 만족하고 아이도 만족하는 해결 방법을 찾는 것은 물론이고, 갈등이 생겼을 때 그것을 해결하는 방법 또한 찾지 않았을까요? 그러면서 저와 아이들 모두가 민주주의의 의사 결정 과정을 체득하지 않았을까요?

그간 저는 민주주의를 가정에서 제도화할 생각을 전혀 하지 못했습니다. 잘못된 방법, 즉 부모의 권위에 복종하라는 메시지만 계속 던지고 있었던 셈입니다. 저도 그렇고 제 부모도, 또 다른 부모들도, 아니 어쩌면 모든 어른이 아이들에게 부모님 말씀, 선생님 말씀을 잘 들으라는 메시지를 던지고 있는 듯합니다.

과장일 수도 있지만, 저는 이 말이 아이를 '다루기 쉬운 존재'로 만들기 위한 전략이 아닐까 하는 생각이 들었습니다. 그래서 너무나 당연히 들어 왔고 해 왔던 이 말을 의심하기로 했습니다. 아이를, 아니 사람을 다룰 수 있는 존재로 여기지는 않았는지, 아이를 사랑한다면서 너무 쉽게 아이들의 자유 의지를 꺾어 온 것은 아닌지, 스스로가 오류가 없는 존재인 것마냥 아이들 위에 군림한 것은 아닌지, '난 내 아이를 사랑해, 그건 너무나 당연해'라는 철썩 같은 믿음이 오히려 제 아이를 해치고 있지는 않았는지 의심하기로 했습니다.

그렇게 스스로에게 의심의 눈길을 보내니 이제는 "아빠 말 좀 잘 들어라."란 말을 할 수가 없게 되었습니다. 아빠 말이 항상 옳지도 않을뿐더러, 입장 바꿔서 누가 제게 "과장님 말 좀 잘 들어."라고 하면 당장에 반발할 것이

뻔했기 때문입니다. 역시 입장을 바꿔 봐야 합니다. 그래야 아이들에게 하는 말에 담긴 폭력의 흔적을 여실히 느낄 수 있습니다. 새삼 아이들에게 미안해집니다. 설득과 설명이 아니라 강요만 해 온 제가 부끄럽습니다.

우리 단지는 부자가 사는 데래

더 늦기 전에 아이들에게
평등을 알려 주는 것이 필요합니다

어느 날 친구와 놀다가 들어온 아이가 이렇게 말했습니다. "아빠, 우리 아파트가 부자가 사는 데래." 물었습니다. "누가 그러든?" 임대 아파트 단지에 사는 친구가 그랬다고 합니다.

제가 사는 아파트는 LH(한국 토지 주택 공사)에서 시공한 아파트입니다. ○○ 마을이라는 이름으로 불리는데, 마을 안에는 LH에서 시공한 임대 아파트와 일반 분양 아파트, 유명 브랜드 건설사에서 시공한 아파트가 섞여 있습니다. 저 순서대로 집의 면적이 커집니다. ○○ 마을에 사는 아이들이 다니는 초등학교는 두 곳입니다. 위치에 따라 갈 수 있는 초등학교는 다르지만, 한 학교에 세 종류의 아파트에서 사는 아이들이 모여 있는 것은 같습니다.

아이에게 저 말을 듣는 순간, 몇몇 언론 기사가 떠올랐습니다. 소위 잘나가는 지역에 있는 초등학교에서는 사는 아파트 평수에 따라 친구가 나뉘고 서로 어울리지 못하게 한다는 이야기, 임대 아파트에 사는 아이들이 자신들의 아파트 놀이터에서 놀지 못하도록 출입을 막았다는 이야기, 유명 브랜드 아파트 중간에 있는 LH 시공 아파트가 LH라는 이름을 지우려고 주민 투표를 추진했다는 이야기까지. 남의 일로 여겼던 일이 제 아이의 입에서 나오니 황망했습니다.

그때 제 입에서 나온 말이 우리 부자 아니다, 우리가 부자로 보이냐, 사는 아파트가 다르고 면적이 넓거나 좁다고 친구를 가려 사귀면 안 된다 등등이었습니다. 아마 아이는 아빠가 느닷없이 왜 저런 말을 주저리주저리 하는지 의아했을지도 모르겠습니다. 사실 좀 찔려서 더 그랬던 듯합니다.

아내가 이런 말을 한 적이 있습니다. 아이들 친구에 대해 편견 없이 대하려고 하고 그게 맞는데, 이상하게 집에 놀러 온 아이가 인사를 제대로 하지 않거나 물건을 함부로 다루면 저 아이는 임대 아파트에 사는 아이여서 그러나, 아니면 한부모 가정이어서 그러나, 하는 편견 섞인 생각을 하게 되더랍니다. 같은 아파트 단지에 사는 아이들에게는 그런 편견을 가지지 않는데, 이상하게 임대 아파트에 사는 아이들에게 그런 생각이 든다고 합니다. 아내는 그런 내면을 제게 고백하며 자신을 성찰하는 듯 보였습니다.

그 말을 들으며, 저 역시 자유롭지 못함을 깨달았습니다. 아내보다 좀 더 내면을 살피지 못했을 뿐 저에게도 비슷한 편견이 있는 것을 눈치챘거든요. 더구나 저는 제 집보다 넓은 면적의 아파트에 사는 이들에게 열등감 비슷한 감정을 느끼기도 합니다. 집의 규모가 경제력의 규모와 동일하기 때문이라는 것을, 보유한 부(富)의 규모로 어떤 서열이 생긴다는 것을 알기 때문입니다.

언론에서 이런 기사를 접할 때마다 석연치 않은 점이 있었습니다. 본질은 들여다보지 않고 '사람 사는 세상에서 그러면 안 돼', '인간은 존엄한 존재이니 경제력으로 사람을 차별하면 안 돼' 등의 '도덕적인 언사'만 난무한다는 생각이 들었기 때문입니다. 이 점이 늘 아쉬웠습니다. 그러다 아이 입에서 저런 말이 나오자 곰곰이 생각해보게 되었습니다.

권력과 부에 의해 서열이 나뉘고 신분이 갈리는 세상입니다. 그걸 당연하게 여기는 세상이죠. 자본주의 사회에서 부에 따른 권력은, 정치권력보다 상위에 서는 것 같습니다. 민주주의 사회에서 정치권력은 시민이 투표해서 바꿀 수 있지만, 재벌로 상징되는 경제 권력은 교체도 쉽지 않은 것이 현실입니다. 부의 쏠림 현상은 더욱더 가속화되고 있습니다. 전에는 20대 80 사회라고 불리던 것이 이제는 1대 99 사회로 수렴되는 듯합니다. 부의 불평등, 소득 불평등은 해결해야 할 문제로 인식된 지 오래지만, 아직까지 해결책은 나오지 않고 있습니다. 정확히 말하면 해결책이 있지만, 실행할 주체의 의지가 없거나 난관에 부닥치거나 실행에 옮길 시간이 턱없이 부족하거나 하는 이유로 제대로 실행되지 않고 있습니다. 그 때문에 우리나라 재벌은 경제 성장의 일등 공신처럼 여겨지며, 자신이 누릴 수 있는 권력보다 더 많은 것을 누립니다.

이런 부유한 이들은 끼리끼리 어울립니다. 프랑스의 사회학자 피에르 부르디외가 말한 '구별 짓기'를 통해서 말입니다. 부르디외는 사람이 가진 자본을 경제 자본, 사회 자본, 문화 자본의 세 가지로 나눴습니다. 경제 자본은 현금, 예금, 주식, 부동산 등 부를 얼마나 소유하고 있느냐 하는 것을 말합니다. 사회 자본은 사회적으로 교류하는 인맥이 얼마나 넓은지, 또 그 인맥 중에 잘나가는 사람이 얼마나 있는지에 따라 결정됩니다. 문화 자본은 회화와 음악, 영화나 연극, 책 등 문화생활을 얼마나 누릴 수 있는지에 따릅니다. 여기에 하나의 자본이 덧붙여지는데 바로 상징 자본입니다. 상징 자본은 재벌 2, 3세의 이름이나 그가 가진 근사한 저택 등에서 상징적으로 드러나는 우월한 위상과 특권 등을 뜻하는 자본입니다.

이 네 가지 자본을 통해 사람들은 서로를 구별하며, 구별하는 데서 그치지 않고 차별합니다. 그리고 끼리끼리 어울립니다. 경제 자본에서 시작한 어울림은 곧 사회 자본과 문화 자본, 상징 자본으로 이어집니다. 아이들에게 좋은 친구를 만들어 주기 위해 경제적 여건이 안 되는데도 서울 강남을 벗어나지 않는 사람도 있습니다. 강남에 산다는 건 상징 자본이기도 하지만 사회 자본과 문화 자본을 만드는 것이기도 합니다.

아파트 평수에 따라 친구를 삼을지 말지를 결정하는 것도 이와 같은 맥락입니다. 한국 사회에서 큰 집에 산다는 건 작은 집에 사는 것보다 경제 자본이 많음을 의미합니다. 이게 시작입니다. 경제 자본이 많은 집에서 자라는 아이들은 비슷한 경제력을 가진 집의 아이와 어울립니다. 또 이 아이들은 상대적으로 풍성한 문화생활을 즐길 수 있습니다. 부르디외는 이를 취향이라고 부르는데, 취향이 곧 계급을 결정짓는 요인이 된다고 파악했습니다. 경제, 사회, 문화 부분에서 자본을 많이 가진 아이들은 상징 자본마저 획득합니다. 큰 면적의 아파트에 사는 아이들은 그 집에 산다는 것만으로도 부자라는 상징을 획득하는 것입니다. 또 부자 친구들이 있다는 것으로도, 고급 문화를 즐기는 것만으로도 그 아이는 우월함을 갖게 될 수 있습니다. 제 아이가 "우리 단지가 부자가 사는 데래." 라고 하며 친구의 말을 전했던 근본적인 이유가 여기에 있습니다. 상징 자본을 획득한 거죠.

하지만 그 상징 자본은 우리 집보다 더 넓은 면적에 사는 사람들 앞에서 여지없이 깨집니다. 경제력에 따라, 또 상속된 자본에 따라 계층이 나뉘는 것입니다. 구별 짓기는 그렇게 자리를 잡아 가고, 구별은 차별로 진화합니다. 상위에 있는 사람들이 우월하다는 의식을 갖고, 하위에 있는 사람들이 그들의 우월함을 인정할 때 차별은 탄생합니다. 우리 헌법은 특권을 인정하지 않습니다만, 현실에서는 특권을 가진 이가 많습니다. 1인 1투표권이 있지만, 그것은 선거에서만 통용되는 평등입니다. 현실은 엄연히 다르죠.

사회에서 불평등이 시작되는 첫 단계는 경제력의 차이입니다. 우리 사회가 자본주의 사회이기 때문인 거죠.

부의 세습, 부의 불평등, 소득 불평등은 정도가 더 심해지고 있고, 돈을 벌기 위해 남을 밟고 올라서려는 경쟁도 치열해지고 있습니다. 경제적 불평등에서 시작된 불평등이 곧 사람이 사람을 차별하는 이유로 너무나 당연하게 이어지는 사회가 되고 있습니다. 어떠한 이유로도 차별받지 않는 것을 인간의 최소한의 권리로 인정하는 민주주의 사회에서는 이런 차별을 줄여 가야 합니다. 부의 불평등을 줄여 나가고 부의 세습과 독점을 막는 제도적 장치를 만들어야 합니다.

우리는 어떻게 해야 할까요? 저는 제 아이에게 어떤 말을 해야 할까요? 사람이 사람을 차별하면 안 된다는 당위만을 말할 수는 없습니다. 쉽지 않은, 아니 매우 어려운 문제이지만 이 구조를 함께 살펴봐야 합니다. 경제 자본을 얼마나 가지고 있느냐에 따라 문화 자본과 사회 자본, 상징 자본을 획득하는 정도가 다르다는 문제의식에서부터 시작해야 할 듯합니다. '왜?'라는 질문을 던지고 당연하지 않다는 문제의식을 갖는 것부터 시작해야 합니다.

다행인 것은 제 아이가 아파트 평수를 가리지 않고 친

구 집에 잘 놀러 다니고, 우리 집에 친구를 잘 초대한다는 사실입니다. 하지만 이게 언제까지 지속될지는 가늠하기 힘듭니다. 벌써 우리 아파트가 다른 친구네의 아파트보다 넓고, 그 가족보다 부자임을 어렴풋하게 알게 된 것 같거든요. 또 중학교, 고등학교에 진학하면 성적과 석차 등에 따라 동급생을 차별할 수 있는 조건이 더 늘어날 테니 걱정이 됩니다.

저는 어린 시민인 아이에게 평등에 관해 이야기하고 싶습니다. 민주주의 사회이자 자본주의 사회에서 살아가려면 평등의 개념을 잘 이해해야 할 필요가 있다는 생각에서입니다. 그 평등은 세 가지 단계에서 주어져야 합니다. 기회와 과정, 그리고 결과까지 말입니다. 경쟁에 참여할 자격이 주어지고 동일한 출발선에서 경쟁을 시작할 수 있는 기회의 평등, 동일한 규칙에 따라 공정하게 경쟁할 수 있는 과정의 평등, 경쟁에서 만들어진 결과물을 최대한 합당하게 고루 분배하는 결과의 평등이 이뤄져야 합니다. 이 모든 과정에서 평등해야 우리는 경쟁의 결과를 용인하고 민주주의 체제를 신뢰할 수 있게 됩니다. 하나라도 제대로 이뤄지지 않으면 사회적 신뢰는 생겨나지 않습니다. 그럴 때 사람들은 경쟁에서 뒤처지지 않으려고 갖가지 인맥과 편법을 동원하게 됩니다. 그렇게 사회의 신뢰 지수는 낮아지고, 서로를 경쟁 상대로만 보는 무한 경쟁 사회가 펼쳐지는 것입니다.

어려운 이야기가 될 수도 있습니다. 하지만 이제 막 부자와 가난한 자 사이의 관계를 어렴풋하게 느끼고 있는 어린 시민에게 해 주고 싶은 이야기입니다. 무엇보다 경제력, 권력, 능력 그 무엇으로든 차이가 차별의 근거가 될 수 없음을 알려 주고 싶습니다.

제대로 썼는지 한번 보자

사소하게 느껴지는 일기장 검사,
스스로 생각을 검열하게 만듭니다

어렸을 때 일기 검사가 싫었습니다. 일기 쓰기도 싫은데 일기 검사는 더욱더 싫었습니다. 일기 검사는 초등학교를 다니는 6년 동안 빠지지 않았던 일상이었습니다. 방학에 일기를 쓰지 않다가 개학 전에 몰아 쓰기도 했었죠. 일기가 아니라 거짓말 작문이었습니다. 그 이후에는 꽤 오랫동안 일기를 쓰지 않았습니다. 일기를 쓰지 않는 것이 일종의 해방이었거든요. 일기를 써야 할 필요성도 못 느꼈고 그 싫은 짓을 누가 시키지도 않는데 굳이 해야 할 이유가 없었습니다.

그런데 부모가 되니 그 싫었던 짓을 아이에게 시키고 있습니다. 학교에서 일주일에 몇 번 일기를 써 오라고 숙제를 냅니다. 그러니 횟수를 채우도록 하는 것은 물론 오탈자가 있는지 일기장을 살펴보게 됩니다. 거기서 그치면 다행인데 잔소리가 또 시작되죠. 띄어쓰기를 비롯한 맞춤법 검사로 시작해 문장의 주어와 술어가 호응하는지, 적당한 곳에서 문장을 끊고 있는지 등등, 보면 볼수록 지적할 거리가 늘어납니다.

학교 숙제 중에 독서록 쓰기도 있습니다. 책을 읽고 독후감을 쓰는 건데, 이걸 또 검사합니다. 이때는 더 심해지죠. 맞춤법 검사는 기본이고 책을 잘 요약하였는지, 책을 보고 무엇을 느꼈는지, 그 느낌을 다양한 단어로 표현하였는지 등을 살핍니다. 책 보고 글 쓰는 습관을 들이는 기회인 것 같고 맞춤법을 가르쳐 줄 수도 있어서 일기나 독서록 쓰기를 봐주고 있지만, 사실 이래도 되나 싶습니다. 오탈자와 맞춤법만 봐야겠다고 다짐하지만 그 경계를 지키기가 사실상 불가능하기 때문입니다. 결국 아이의 머릿속 생각과 사생활을 들여다볼 수밖에 없습니다.

일기는 인간의 가장 내밀한 기록입니다. 그런데 그 일기를 부모와 교사가 검사하면 그곳에 과연 진심을 담을 수 있을까요? 부모에게 생긴 불만, 짜증, 분노를 담아낼 수 있을까요? 학교에서 벌어진 친구와의 다툼, 교사에 대한 불만을 담아낼 수 있을까요? 그럴 수 없습니다. 그러다 보니 아이의 일기 내용은 천편일률적입니다. 오늘 친구랑 축구하고 놀았는데 재미있었다, 즐거웠다, 신기했다 등으로 요약할 수 있는 내용뿐이죠.

그러면 부모는 좋았다, 재미있었다는 단어로밖에 감정을 표현할 수 없냐며 아이의 표현력을 나무랍니다. 어쩌란 말인가요? 아이는 벌써 거짓말을 배우고 있는지도 모릅니다. 어른 앞에서 해야 할 말과 하지 말아야 할 말을 구분하고 있는지도 모릅니다. 더 나아가 '누가 내 생각을 들여다보고 뭐라고 할 수도 있구나' 하는 생각을 심어 주게 될 수 있습니다. 어릴 때부터 그걸 당연하게 여기면, 내 생각과 사상을 나보다 권위 있다고 여겨지는 누군가가 검사하고 검열하는 행위가 당연하다고 여길 가능성이 있습니다.

다른 사람의 표현과 사상의 자유를 억압하는 것이 당연한 일이 아니듯 일기 검사도 마찬가지입니다. 하지만 우리는 너무 당연하게 행해 왔죠. 대를 이어 가며 검사를 가장한 검열이 이뤄진 것입니다. 이런 습속이 밑바탕이 된 걸까요?

한국 사회에는 오랫동안 불온서적과 금서가 존재했습니다. 비단 우리만 그랬던 것은 아니죠. 오래 전부터 기득권자들은 국가와 종교의 힘을 빌려 금서를 지정해 개인의 사상을 억압해 왔습니다. 책을 태우고 언론인과 학자를 구금하면서요. 사실 표현과 사상의 자유가 보장된 것은 민주주의 사회가 되면서부터였습니다. 그것도 완전히 보장되지는 않았습니다. 민주주의 사회라 할지라도 언제든 표현과 사상의 자유를 억압하려는 시도가 있었고, 실제로 성공하기도 했습니다.

특히나 분단국가인 한국에서 공산주의와 사회주의에 대한 책들은 금서였고 불온서적이었습니다. 반공을 국시로 한 이승만을 필두로 박정희, 전두환까지 이어지는 독재 정권하에서 불온서적은 갖고 있는 것만으로 처벌을 받았습니다. 국가 보안법에 걸렸기 때문입니다. 때로는 금서 목록에 「공산당 선언」을 발표한 카를 마르크스와 이름이 비슷한 막스 베버의 책도 포함되어 있었습니다. 왜 금서가 됐는지 도통 모를 책도 많이 있었죠. 그런데 독재 정권하에서만 금서가 있었던 것은 아닙니다. 민주주의 정부를 자처했던 이명박 정부의 국방부에서 불온서적을 지정하기도 했으니까요.

표현과 사상을 억압한 대상이 책에만 국한되었던 것은 아닙니다. 1980년대 전두환 정권 때는 보도 지침이 있었죠. 어떤 건 보도하고 어떤 건 보도하지 마라, 어떤 건 크게 보도하고 어떤 건 작게 보도하라는 식의 보도 방향을 정권이 언론사에 직접 지정해 줬습니다. 국가 정보원의 전신인 국가 안전 기획부 직원이 언론사에 상주하면서 말이죠.

시민의 눈과 귀를 가리고 입을 막는 이러한 조치는 참 오랫동안 이어져 왔습니다. 어쩌면 '일기 검사'와 같은 행위가 '국민'과 '안보'를 위한다는 명목으로 성인들에게도 적용되고 있는지 모르겠습니다. 결국 모두가 제대로 표현하지 못하는 사회에서 살아가고 있는지도 모릅니다.

큰아이가 초등학교 2학년 때 있었던 일입니다. 아이가 쓴 메모를 발견하고 기겁했습니다. "난 왜 태어난 거지? 죽고 싶다."라고 쓰여 있었거든요. 놀란 가슴을 진정할 수가 없었습니다. 아이에게 언제 썼는지 물어보니 여덟 살 때 썼다고 합니다. 왜 썼냐고 하니 아빠한테 혼나 화가 나서 그랬다고 합니다. 대체 저는 무슨 일을 했던 걸까요? 충격을 넘어서 스스로에게 분노를 느꼈습니다. 아이가 이런 생각을 했던 것도, 이런 메모를 쓴 것도 1년 넘게 모르고 있었으니까요. 아이와 그동안 어떤 대화를 나누었던가요? 아이는 진심을 저에게 전하길 꺼려 했고, 저는 아이의 진심을 알아보려는 작은 노력조차 기울이지 않았습니다. 겉으로는 아주 화평한 가정이었는데 말입니다.

저와 대화를 나누면서 아이는 어쩔 줄 몰라 했습니다. 어쩔 줄 몰랐던 건 저인데, 아이는 또 혼날까 봐 두려워하는 표정이었습니다. 하긴 뭐만 하려고 하면 하지 마, 그건 잘못된 거야 하며 혼내는 아빠 앞에서 자기 생각을 분명히 밝히긴 어려웠을 테고, 용기를 내서 말해도 혼만 나니 아예 입을 닫아 버린 겁니다. 그렇습니다. 제 아이에게는 표현의 자유가 없었습니다. 부모가 수긍할 만한 것들만 골라 표현하는 데 익숙해진 것입니다.

조지 오웰의 소설 「1984」의 주인공 윈스턴 스미스는 '빅 브라더'라는 거대한 독재 체제가 지배하는 사회에서 숨을 쉬기 위해 본능적으로 일기를 썼습니다. 집에 있는 사람들을 감시하기 위해 설치된 텔레스크린이 미치지 않는 구석진 곳에서 쓰기 시작했지요. 일기를 쓰는 것만으로 사형을 당할 수 있는데도 그는 표현을 하기 위해 위험을 자처했습니다. 이처럼 사람은 억압된 자기 생각을 말로든 글로든 표현하고 싶어 하는 존재입니다. 그런데 이 과정에 검열이 들어가면 어떨까요?

저는 어떤 형태의 일기 검사도 필요치 않다고 생각합니다. 맞춤법 공부는 따로 해도 됩니다. 굳이 내밀한 기록인 일기를 통해 할 필요가 없습니다. 독서록도 마찬가지입니다. 그렇다면 일기를 쓰는 습관은 필요할까요? 저는 그것 또한 별 필요가 없다고 여깁니다. 제 경험으로는 그렇습니다. 저는 언젠가부터 무언가 할 말이 있거나 억눌린 감정이 생기면 메모로 남겼습니다. 좀 더 나아가서는 일기를 쓰기도 했습니다. 그렇게 쓰기 싫어하던 일기를요. 어렸을 적 일기 쓰기가 얼마간 영향을 끼쳤는지도 모릅니다만, 큰 영향은 없었던 듯합니다. 언젠가부터 마음속에서 말이 떠올랐고, 자연스럽게 그걸 기록으로 남기고 싶어졌습니다.

저 개인의 경험이 보편적이지 않을 수 있습니다. 일기를 평생 쓰지 않는 사람도 있겠죠. 하지만 글쓰기 능력을 키우는 것보다 표현의 자유를 억누르지 않는 것이 더 중요하다고 생각합니다. 어린이라고 자기 의사를 표현하지 못하게 하는 것 또한 옳지 않습니다. 오히려 어린이일수록 자기 의사를 표현하는 데 주저함이 없어야 합니다. 그래야 의사소통이 제대로 이뤄지지 않을까요? 더 나아가 어렸을 때부터 자유롭게 말할 수 있는 권리가 있고, 나이에 상관없이 자기 의사를 표현하는 것이 자연스럽다고 생각하도록 이끌면 좋겠습니다.

고대 그리스에 이세고리아(isegoria)와 파르헤시아

(parrhesia)라는 개념이 있었습니다. 이세고리아는 '모든 시민이 자신의 의견을 평등하게 발언할 권리가 있는 것', 파르헤시아는 '위험을 감수하고 비판적으로 진실을 말하는 것'을 의미합니다. 물론 고대 그리스에는 노예 제도가 있었고, 여자와 아이, 외부인은 시민이 될 수 없었기에 지금과 같은 민주주의 사회라 말하기는 어렵습니다. 하지만 시민에게는 평등하고 자유롭게 말할 수 있는 권리가 주어졌죠. 이세고리아와 파르헤시아는 민주주의의 근간입니다. 특히 어린 시민에겐, 시민이라면 누구나 누릴 수 있는 권리, 그러니 어린 시민도 반드시 누려야 할 권리로서 이세고리아와 파르헤시아가 절실히 필요합니다.

Part 2

거슬리는 어린 시민을 걸러 내는 학교

아이가 학교에 들어갔을 때 기대보다 두려움이 컸습니다. 학창 시절 학교에 대한 기억이 좋지 못하다 보니 과연 그 엄격한 학교에서 우리 아이가 잘 지낼 수 있을지 두려웠습니다. 아마 누구나 학교에 대한 아픈 기억이 있을 겁니다. 특히 체벌과 관련해서 말이죠. 제가 처음이자 마지막으로 뺨을 맞은 적이 초등학교 6학년 때였습니다. 맞는 것이 누군가의 웃음거리가 되는 경험도 학교에서 처음이자 마지막으로 겪었고, 고등학교 3학년 때 이렇게 맞다가 죽겠구나 싶었던 적도 있습니다.

시대가 많이 바뀌었다고 하지만, 개성을 죽이고 신체의 자유를 허용하지 않는 학교의 모습은 저의 학창 시절과 크게 다르지 않아 보입니다. '왜'라는 질문을 허용하지 않고, 행동 하나하나를 교사에게 허락을 구해야 합니다. 좋은 성적을 얻으려고 공부하는 과정에서 경쟁이 내면화되고, 누군가를 차별하는 일이 비일비재하게 일어납니다. 공부 이외에는 큰 관심을 기울이지 않고, 청소년의 행동에 '비행'이니 '일탈'이니

'중 2병'이니 하는 말을 붙여 규제하기만 바쁩니다. 법치 국가를 천명하는 대한민국인데도 '헌법'에서 보장하는 표현과 결사의 자유, 신체의 자유 등을 그보다 한참 아래인 '교칙'에 근거해 규제합니다. 이런 학교에서 아이들은 억눌리고 짓눌립니다. 그 안에서 어떻게든 생존하기 위해 남을 짓밟고, 자신의 불만을 폭력으로 분출합니다. 학교는 배움의 현장이라기보다 인간의 자유를 구속하는, 수용소와 같은 곳이 되었습니다.

자유는 시민이 누려야 할 권리입니다. 흔히 자유에는 책임이 따른다고 하는데, 어린 시민은 책임만 강요당하고 있습니다. 자유를 누릴 시간도, 공간도 없습니다. 의도했든 의도하지 않았든 자유보다 규제를, 권리보다 의무를, 평등보다 차별을, 평화보다 폭력을, 정치적 관심보다 무관심을 강요하고 가르치는 곳이 학교입니다. 이런 학교에서 아이들은 시민성을 거세당하고, 인권마저 무시당합니다.

2부는 민주 시민을 '길러 내는' 것을 목표로 하지만 현실은 독립적인 시민을 '걸러 내는' 교육과 학교에 대한 이야기입니다.

학생의 본분은 공부잖아

학생이라는 신분에 갇혀
아이들의 가능성은 닫혀 갑니다

제가 사는 지역에서 아이들을 대상으로 노래 대회가 열린 적이 있습니다. 네 살부터 열세 살 사이의 아이들이 주로 참가했는데, 특이한 점이 있었습니다. 유치원생들은 그러지 않았는데 초등학생들은 "저는 ○○ 초등학교 ○학년 ○○○입니다."라고 자신의 학교와 학년을 굳이 밝히는 자기소개를 한 뒤 노래를 불렀습니다.

저 역시 그랬던 듯합니다. 공식적인 자리에서는 저런 식으로 제 소개를 했습니다. 내가 다니는 학교가 나를 규정하는 것처럼 말이죠. 왜 그랬을까요? 한 번도 궁금하지 않았던 일이었는데 문득 호기심이 일었습니다. 그런데 당최 왜 그랬는지가 명확하지 않았습니다. 중학교, 고등학교에 들어가서도, 또 대학을 거쳐 회사에 들어가서도 우리는 이름 앞에 조직명을 대는 것, 또 어디에 소속되어 있는지 묻는 것을 당연하게 여깁니다. 조직이 그 인간을 대변하는 것이죠.

생각을 거듭한 끝에 자기소개를 할 때 왜 소속을 밝히는지 몇 가지 이유가 떠올랐습니다. 첫째는 그것이 자신이 주류에 편입되어 있음을 보여 주기 때문입니다. 대부분의 어린이나 청소년은 학교에 다니는 학생입니다. 그러니 학교에 다니지 않는 아이들은 어떤 문제가 있는, 비주류인 것처럼 여겨집니다. 명문대생이나 유수의 기업에 다니는 직장인이 자기 소속을 어렵지 않게 밝힐 수 있는 것은 남들이 선망할 만한, 혹은 썩 부끄럽지 않은 학교나 회사에 다니고 있기 때문이죠.

둘째는 자신이 속한 조직이나 사회적 신분을 드러낼 때 그에 맞는 대접을 받을 수 있기 때문입니다. 아이가

'학생'임을 밝힐 때 얻는 이득이 분명 있습니다. 배우는 사람이라는 이유로 어른으로부터 보호와 격려를, 사회로부터는 관용과 배려를 받습니다. 물론 족쇄가 되기도 하지만 말이죠.

문제는 아이의 정체성을 이루는 수많은 요소가 있음에도 불구하고 아이에게 '학생'이라는 신분만 강요하는 사회 구조입니다. 아이들은 어느 순간이 되면 오로지 학생이란 신분만이 유효한 것처럼 세상을 살아가야 합니다. '학생'은 아이들에겐 신분이자 자격이고 의무이자 권리이며, 유예이자 유폐입니다. 10년이 훌쩍 넘는 시간 동안 지속되기에 한 인간의 정체성에 무수히 많은 영향을 끼칩니다.

하나하나 알아보죠. 학생은 우선 신분이고 자격입니다. 신분은 "개인의 사회적 위치나 계급."을 가리킵니다. 제가 보는 사전에서는 "학생의 신분에 알맞은 옷차림."이라는 표현을 예시로 들었네요. 순간 '학생 신분에 알맞은 옷차림이 따로 있나' 하는 생각에 얼굴이 찌푸려지지만 저런 용례까지 있는 걸 보니 학생은 신분이 맞기는 한가 봅니다. 또 학생은 "일정한 신분·지위를 가지거나, 어떤 행동을 하는 데 필요한 조건."이란 뜻의 자격이기도 합니다. 청소년이 학생이라는 주류에 속하게 되면, 웬만큼 큰 실수를 저지르지 않는 이상 사회로부터 온정적인 시선을 받을 수 있는 조건이 갖춰집니다.

학생은 권리이자 의무입니다. 학생은 교육받을 권리와 의무가 동시에 있는 존재입니다. 마지막으로 학생은 유예이고 유폐입니다. 유예는 "시일을 미루거나 늦춤."을, 유폐는 "사람을 일정한 곳에 가두어 두고 밖으로 나오지 못하게 함."을 뜻하는 말입니다. 학생은 '배움'이란 말로 포장된 '공부'와 '성적' 때문에 현재의 자유를 미룰 수 밖에 없고, 학교라는 공간과 학생이라는 신분에 갇혀 있습니다.

학생이 해야 할 것은 하나밖에 없지만, 하지 말아야 할 것은 무수히 많습니다. '학생의 본분은 공부'라는 말에서 알 수 있듯 학생은 공부만 하면 되는 존재로 인식됩니다. 그 외의 행동은 금지되거나 어른에게 허락을 받아야 합니다. 학교에서뿐만 아니라 일상생활 전반에서 아이들은 학생이란 신분에 갇힙니다. 보통 이럴 때 쓰는 말이 '답게'입니다. 옷차림도 학생답게, 머리 길이도 학생답게 해야 하고, 사랑과 연애는 성인이 되어서 해야 합니다. 음악이나 미술을 비롯한 각종 취미생활을 하고 공부와 관련 없는 책을 보는 것, 휴대 전화를 사용하는 것 또한 부모나 교사의 간섭을 받습니다. 물론 기준은 '공부에 도움이 되느냐'이지요.

학교란 조직, 또 학생이란 신분은 직장이란 조직, 직장인이란 신분과는 천지차이입니다. 직장인도 직장인에게 알맞은 옷차림이나 행동을 강요받기도 하지만, 모든 일상생활에서 직장인이란 신분이 자신의 정체성을 규정하지는 않습니다. 그러나 아이에게 들씌워진 학생이란 신분은 일상생활에서 아이의 정체성을 그 하나로 통일시켜 버리는 어마어마한 힘을 발휘합니다.

저는 국가나 가족처럼 태어나면서부터 개인의 노력과 관계없이 주어진 사회적 울타리는 반드시 보상을 요구한다고 생각합니다. 국가는 국민에게 의무를 요구하고, 가족 역시 개인이 자신들의 기대에 부응하기를 요구합니다. 모두 '보호'를 내세운다는 공통점이 있습니다. 국가는 국민을 보호하는 대가로 의무를 지우고, 가족도 아이를 보호하고 키운다는 명목으로 기대에 부응하기를 요구합니다. 학생도 마찬가지입니다. 학생은 보호받아야 하는 존재로 인식됩니다. '미래의 동량'이라는 표현을 쓰면서 말이죠. 그러면서 보호라는 미명 아래 본분에 충실하라는 요구를 받습니다. 학교에서 인권을 침해당하고 있다고 목소리를 높이고 정치적 사안에 자기 목소리를 내면 "학생의 본분이 뭐야? 공부 아냐. 공부만 열심히 하면 되지. 다른 데 관심 기울일 시간이 어디 있어." 따위의 말을 듣습니다.

교사와 학부모를 비롯한 어른들은 아이들이 과도하게 경쟁하며 성적에 압박을 느끼고 행동 하나하나에 허락을 구하는 것을 학생이기 때문에 당연하다고 생각합니다. 또 공부를 잘하지 못하거나 공부를 해야 할 필요성을 느끼지 못하는 학생을, 본분을 다하지 않은 패자로 분류하기도 합니다. 게다가 왜 다녀야 하는지 모를 학교에서 자기 자리를 찾지 못하고 무력감에 시달리는 아이들을,

학교 밖으로 뛰쳐나간 아이들을, 공부를 하지 않고 아르바이트를 하는 학생들을 문제아로 치부합니다. 아이들은 학생이기 이전에 인간이고, 민주주의 사회의 어린 시민입니다. 틀에 가두고 사육해야 하는 존재가 아닙니다. 하지만 우리의 학교와 교육은 아이들에게 학생이란 신분을 부여함과 동시에 이들을 길들여 왔습니다.

'학생의 본분은 공부'라고 강조하는 이유는 여러 가지가 있습니다. 뛰어난 학력과 학벌이 성공의 기본 조건이라는 인식, 명문대에 들어가지 못하면 주류에 속하지 못할 것이라는 생각, 공부로 승자와 패자를 가리는 폭력적인 구조 등 오랫동안 쌓여 온 문제점들이 산적되어 있고 그 뿌리도 깊습니다. 어디서부터 개혁해야 할지 도무지 답을 찾지 못하는 상황입니다. 수차례에 걸쳐 이뤄진 교육 과정 개정에도 여전히 살아 있는 습속입니다. 이 때문에 학생들은 죽어납니다. 아니, 그것을 이미 내면화해 자기들끼리 차별하고 무시합니다. 이런 경쟁 구도 안에서 민주주의를 살아가기란 요원할 수밖에 없습니다.

'왜'라는 질문을 던져야 합니다. 왜 어린이와 청소년에게 '학생'이란 정체성만 허락되는지, 학생이라 해서 공부만 해야 하는지, 학생이 지켜야 할 본분이라는 것이 있기는 한지, 학생이란 정체성으로만 12년을 살았을 때 어떤 일이 벌어지는지 등 던질 질문은 많습니다.

어린이와 청소년을 학생이란 틀로 가두는 이유는, 그래야 편하기 때문인지도 모릅니다. 학교에 보내고 그곳에서 교육을 책임지는 구조는 부모 입장에서는 편리합니다. 교사는 어떤가요? 교사에게 학생은 교육 대상이 아니라 관리 대상인지도 모릅니다. 어차피 엄청난 사교육을 받으며 일류 대학에 들어갈 아이들은 정해져 있고, 그 외의 나머지는 큰 사고 없이 학교생활을 하다 졸업하게만 하면 된다고요.

공부를 하지 않는 이상 아이들은 인정받지 못합니다. '공부' 이외에는 스스로의 존재를 증명할 방법이 없고, 허용되지 않는 셈입니다. 성인이 될 때까지 말입니다. 사실 성인이 되어서도 거기에서 벗어나기 쉽지 않습니다. 아이들을 보호하겠다는 일념하에 부모는 자녀가 대학생이 되어도, 취직하고 가정을 꾸려도 자녀를 쉽게 독립시키지 않습니다. 아니, 못합니다. 자녀의 성공을 자신의 성공으로 받아들이기 때문입니다.

학생이라는 정체성만 허용될 때 어린이와 청소년은 독립적인 존재가 되지 못합니다. 권위 있는 누군가, 가르침을 주는 누군가에게 예속된 존재일 수밖에 없습니다. 이러한 현실에서 아이들을 어린 시민으로 인정해 달라는 것은 사치일 수도 있습니다. 그래도 요구해야 합니다. 그렇게 인식해야 합니다. '학생'은 아이들이 마땅히 누려야 할 과정입니다. 개인의 개성을 모두 빨아들이는 블랙홀이 되어서는 안 됩니다.

아이들이 블랙홀에서 살아남더라도 일그러진 정체성을 가질 가능성이 있습니다. 성인이 되어서도 여전히 미성숙한 존재로 남게 됩니다. 좋은 학교로 진학하고 취직하는 것 외에는 다른 길이 없다는 식으로 일찌감치 자기 생을 규정짓고, 일부는 포기할 수도 있습니다.

학생보다 먼저, 어린 시민으로서의 정체성을 부여할 필요가 있습니다. 학생에게 주어진 길은 하나뿐이지만 어린 시민에게 주어진 길은 여러 갈래이기 때문이지요.

학생이 인권은
무슨 인권이야

학생도 인간입니다
당연히 인권이 있습니다

가끔 학교에서 벌어지는 말도 안 되는 일을 보고 들을 때마다 시공간이 기묘하게 뒤틀리는 경험을 합니다. '지금이 21세기가 맞나' 하고 생각될 정도의 일이 종종 일어나서입니다. 낯익은 두발 규제와 복장 단속은 낯선 시공간 속에서도 여전히 지속됩니다. 이제 저에게 낯선 공간이 된 학교는 저런 일이 벌어질 때마다 낯익은 공간처럼 느껴집니다. 다른 시간 안에 존재하는 두 공간이 시간을 거슬러 묘하게 겹쳐집니다. 학교는 여전한 모양입니다.

학교 하면 떠오르는 것이 '규율'입니다. 교문에 들어설 때마다 위축됐습니다. 교문에서는 교사와 선도부가 나와 두발과 복장을 단속했습니다. 제 나름 모범생이었기에 걸릴 일은 없었습니다. 머리는 스포츠머리로 짧게 깎았고, 교복도 깨끗하진 않았지만 규정대로 입었습니다. 그런데 조금이라도 머리를 기르려고 애쓰던 아이들은 종종 두발 단속에 걸렸습니다.

등굣길 학교 앞 풍경은 사뭇 살벌했습니다. 몇몇은 '엎드려뻗쳐'를 하고 있었고, 지휘봉을 가장한 매를 들고 있던 교사는 아이들을 매의 눈으로 살폈습니다. 선도부 완장을 찬 선배들 역시 매의 눈을 하고 있었죠. 등교 시간에 임박해 교문 안에 들어서는 날이면 제 뒤에 오는 아이들은 지각이라는 이유로 오리걸음 같은 얼차려를 받았습니다. 중학교와 고등학교를 다니는 6년 동안 반복된 일상이었습니다.

그때는 그게 당연한 줄 알았습니다. 머리 기르면, 지각하면, 수업 시간에 떠들거나 졸면, 숙제를 안 해 오면, 문제를 풀지 못하면 벌을 받고 매를 맞는 것이 당연하다 생각했습니다. 초등학교 때부터 벌어지던 일이라서 무감각했습니다. 차이점이라면 학년이 높아질수록 교사들의 때리는 강도가 더 세졌다는 것입니다.

돌이켜 보면 어떤 규정에 의해 저렇게 복장과 머리 길이를 단속했는지 모르겠습니다. 이에 관한 교칙이 있었는지, 있었다면 어떤 내용인지 전혀 모른 채 학교를 다녔습니다. 너무나 일상적이었기에 너무나 당연하게 여겼습니다. 이런 단속이 부당하다는 것을 고등학교를 졸업하고도 10여 년의 세월이 지나고서야 알았습니다. 문제는 여전히 이런 일이 벌어진다는 것입니다.

언론 기사를 보면 아연실색할 때가 많습니다. 머리가 길다는 이유로 교사가 강제적으로 학생의 머리를 자르고, 학교에서 정한 복장이 아니라는 이유로 옷을 빼앗습니다. 점퍼를 입으면 안 된다는 규정 때문에 눈이 펑펑 내리는 한겨울에도 점퍼를 뺏긴 채 그대로 집에 돌아옵니다. 전열 기구 사용을 금지하는 기숙사 규정으로 여학생들이 머리도 못 말린 채 등교하는 바람에 겨울 내내 감기를 달고 살고, 파란색 머리핀을 꽂았다고 벌점을 받습니다. 교사가 느닷없이 학생의 가방을 뒤지고, 교사에게 찍힌 아이들은 요주의자 명단에 올라 상급 학교로 진학할 때 이미 편견에 휩싸입니다. 무늬만 자율 학습인 타율 학습이 이뤄지고, 우열반을 만들어 반에 따라 사람을 차별합니다. 성적에 따라 급식 순서도, 먹는 음식도 달라집니다. 이성 교제를 하면 풍기문란이라고 벌점을 주고, 화장을 하거나 치마가 짧다는 이유로 밥을 못 먹게 하기도 합니다. 수업 시간에 프랑스 인권 선언과 헌법에서 규정한 신체의 자유를 배운 직후, 쉬는 시간에 교사가 들어와 머리를 자릅니다. 그야말로 이론과 실제가 분리된 현장이지요.

아이들은 학교에서 하루 종일 검열과 단속, 평가를 받습니다. 정도 차이는 있겠지만 학교를 다니는 아이들은 대부분 그럴 것입니다. 헌법에서 규정한 시민의 인권은 학생에게 적용되지 않습니다. 자유로운 인간임에도 이들의 인권은 성인이 될 때까지 보류됩니다. 제가 그랬던 것처럼, 명백한 인권 침해인데도 그것이 문제라는 생각조차 하지 못하게 만듭니다.

제2차 세계 대전 이후 1948년 12월에 세계 인권 선언이 제정되었습니다. 유엔 총회에서 세계 인권 선언을 통해 모든 인간에게 자신의 생명과 안전을 지킬 권리와 자유를 누릴 권리(제3조), 차별 없이 법의 보호를 받을 권리(제7조), 사상과 양심, 종교의 자유를 누릴 권리(제18조), 의사 표현의 자유를 누릴 권리(제19조), 평화적 집회 및 결사의 자유를 누릴 권리(제20조) 등이 있음이 천명되었습니다. 또 교육은 인격을 온전하게 발달시키고 인권과 기본적 자유를 더욱 존중할 수 있도록 그 방향을 맞춰야 한다는 것(제26조 제2항)과, 모든 사람은 이 선언의 권리와 자유가 온전히 실현될 수 있는 체제에서 살아갈 자격이 있다는 것(제28조) 또한 분명하게 적시했습니다.

우리 헌법은 어떨까요? 대한민국 헌법은 "모든 국민은 인간으로서의 존엄과 가치를 가지며, 행복을 추구할 권리를 가진다. 국가는 개인이 가지는 불가침의 기본적 인권을 확인하고 이를 보장할 의무를 진다."(제10조), "누구든지 성별·종교 또는 사회적 신분에 의하여 정치적·경제적·사회적·문화적 생활의 모든 영역에 있어서 차별을 받지 아니한다."(제11조 제1항), "모든 국민은 신체의 자유를 가진다."(제12조 제1항), "모든 국민은 사생활의 비밀과 자유를 침해받지 아니한다."(제17조), "모든 국민은 양심의 자유를 가진다."(제19조), "모든 국민은 언론·출판의 자유와 집회·결사의 자유를 가진다."(제21조 제1항), "모든 국민은 인간다운 생활을 할 권리를 가진다."(제34조 제1항), "국민의 자유와 권리는 헌법에 열거되지 아니한 이유로 경시되지 아니한다."(제37조 제1항) 등을 천명하고 있습니다.

1989년 11월 20일 유엔 총회에서 채택하고 우리나라도 비준한 유엔 아동 권리 협약은 아동에 대한 보호보다 아동의 권리를 우선하는 협약입니다. 18세 미만을 아동으로 상정하고 있는 이 협약에서도 표현의 권리와 사상·양심·종교의 자유, 결사와 평화적 집회의 자유 등을 천명했고, 협약 당사국은 "자신의 의견을 형성할 능력을 갖춘 아동에게는 본인에게 영향을 미치는 모든 문제에 대해 자유롭게 의견을 표현할 권리를 보장"하고, "아동에게 영향을 미치는 사법적·행정적 절차를 시행함에 있어 아동이 직접, 또는 대리인이나 적절한 기관을 통해 의견을 진술할 기회"를 주도록 규정했습니다.

현재 우리의 교육 현장에서 일어나는 아이들에 대한 인권 침해는 세계 인권 선언과 대한민국 헌법, 유엔 아동 권리 협약에 위배되는 일입니다. 셋 모두 신체의 자유를 천명했고, 사상과 표현, 집회와 결사의 자유를 인정했으며, 인간다운 생활을 할 권리도 인정했습니다. 그런데 학교에서는 교칙이 세계 인권 선언과 헌법보다 상위에 있는 것처럼 적용됩니다. 학생들에게 표현과 결사의 자유도 보장해 주지 않습니다. 또 각 지자체 교육청에서 학생 인권 조례를 만들어 시행하고 있습니다만, 이를 제정할 때 학생들의 참여는 없었고 또 시행되고 나서도 학생 인권은 여전히 무시되었습니다.

청소년 인권 운동가들이 나선 이유도 이러한 인권 침해에 부당함을 느껴서입니다. 『인물로 만나는 청소년 운동사』(교육 공동체 벗, 2016)에는 청소년에게 가해졌던 인권 침해의 실상과 그 부당함에 맞서 싸운 청소년 운동가들의 이야기, 그리고 저항했다는 이유로 탄압받았던 일들이 오롯이 담겨 있습니다.

이 책은 청소년이 미성숙하다는 주장을 완벽하게 뒤집을 수 있는 책이기도 합니다. 일상적으로 이뤄지는 인권 침해의 현장을 예리한 시선으로 읽어 내고, 운동을 통해 이를 뒤바꾸려고 노력한 내용이 담겨 있기 때문입니다. 누군가에게 기대지 않고 청소년 스스로의 힘으로 말이죠.

이들은 아주 상식적인 이야기를 했습니다. 밤 열한 시까지 야간 자습을 시키는 것에 맞서 방과 후 시간을 자율적으로 쓸 수 있게 해 달라고, 두발 규제 하지 말라고, 때리지 말라고, 복장 단속을 하지 말라고, 표현의 자유를 달라고, 집회의 자유를 보장하라고, 사회적인 문제에 발언할 수 있게 해 달라고, 청소년의 개인 정보를 아무나 볼 수 있게 하지 말라고, 자치 활동을 실질적으로 보장하라고, 만 18세에게 투표권을 달라고, 내신 등급제로 요약되는 무한 경쟁의 쳇바퀴를 멈추라고, 어린이와 청소년을 보호의 대상이 아닌 권리를 누리는 존재로, 동등한 시민으로 인정하라고, 벌점으로 청소년 인권을 억압하지 말라고, 성적 등으로 차별하지 않는 학교 문화를 만들자고 요구했습니다. 상식에 어긋난 요구가 아니었습니다. 그럼에도 이들은 학교에서 자퇴나 전학을 강요받았습니다.

이들을 기억해야 합니다. 스스로 어린 시민이라는 것을 증명했기 때문입니다. 이들은 부당한 규율에 맞서 싸웠고, 양심에 기대어 자기 목소리를 냈습니다. 의무만 있는 청소년의 삶에 권리를 더하려 했습니다.

청소년들은 이유조차 명확하지 않은 규율에 사로잡혀 있습니다. 교사는 말도 안 되는 논리—예를 들면 학생은 학생다워야 한다—를 내세우며 이들을 규제하기 바쁩니다. 그 과정에서 폭력적인 방법이 동원되는 경우는 흔한 일입니다. 그러면서 "교육은 홍익인간의 이념 아래 모든 국민으로 하여금 인격을 도야하고 자주적 생활 능력과 민주 시민으로서 필요한 자질을 갖추게 함으로써 인간다운 삶을 영위하게 하고 민주 국가의 발전과 인류 공영의 이상을 실현하는 데에 이바지하게 함을 목적으로 한다"라는 교육 기본법의 교육 이념을 말하는 것은 어불성설입니다. 학생이라는 신분에 적용되는 규정이 인간에게 보편적으로 적용되는 규정을 뛰어넘어도 된다고 생각할 때, 인권은 멀어집니다.

그 어떤 신분과 나이도 인권을 넘볼 수는 없습니다. 그것이 우리가 살고 있고, 살아가야 할 민주주의 사회의 기본이기 때문입니다. 어떤 조건에서도 차별받지 않고 사상과 표현, 양심의 자유를 누리는 것, 부당함에 맞서 자기 목소리를 오롯이 내는 것, 신체의 자유와 사생활의 자유를 갖는 것, 그것은 모든 시민이 누려야 할 기본권입니다. 어린 사람이 주장한다고 해서 쉽게 무시하면 안 되는, 인간이라면 누구나 누리고, 누릴 수 있고, 누려야만 하는 귀중한 권리입니다.

체벌하지 않으면
도저히 가르칠 수가 없어요

모든 체벌은 폭력이자
폭력을 용인하는 원인입니다

학창 시절을 생각하면 끔찍한 기억이 먼저 떠오릅니다. 엎드려뻗쳐 자세로 맞다가 도저히 더 못 맞을 것 같았는지 갑자기 무릎을 꿇고 용서를 빌었던 친구가 떠오르고, 엄살이 심하다며 질책하는 교사의 모습과 함께 뒤에서 낄낄대던, 저를 포함한 아이들의 비웃음이 떠오릅니다. 교사가 화가 잔뜩 나 있지 않는 한, 또 반 전체가 당하지 않는 한 체벌은 대개 비슷한 분위기에서 진행되었습니다.

저는 초등학교 6학년 때 처음으로 교사에게 체벌을 당했습니다. 운동회를 앞두고 만국기를 들고 행진하는 역할을 맡았던 저는, 교사의 말을 잘못 알아듣고 혼자 다른 방향으로 향했습니다. 그때 잘 모르는 교사가 와서 느닷없이 제 뺨을 때렸습니다. 아팠는지는 기억나지 않습니다. 평생 처음이자 아직까지는 마지막으로 맞은 뺨이 얼얼할 틈도 없었습니다. 무슨 일이 일어났는지조차 모르게 얼떨떨했습니다. 갑자기 터져 나오는 울음을 삼키고 마저 연습을 했습니다.

무려 30여 년이 지난 지금도 폭력의 기억은 사라지지 않습니다. 교사의 얼굴은 잘 기억나지 않지만 제게 다가오던 교사의 표정과 교사의 손이 올라갔던 그 순간은 또렷하게 기억이 납니다.

이런 기억은 또 있습니다. 고등학교 3학년 때의 일이었습니다. 당시 학교 부회장이었던 저는 회장, 대의원들과 함께 일요일 자율 학습 폐지를 요구하는 서명지를 돌렸습니다. 학생들의 서명이 담긴 서명지를 들고 교장실로 가서 면담을 했습니다. 그때까지만 해도 분위기는 좋

있습니다. 교장이 우리 요구를 수용할 수도 있겠다는 생각이 들 정도였습니다. 하지만 그 기대는 다음 수업 시간에 깨지고 말았습니다.

방송으로 회장과 저를 호명하며 교무실로 오라고 하더군요. 이야기를 나눌 줄 알았습니다만, 교무실 문을 열고 들어가자마자 교사가 무릎을 꿇으라고 하더군요. 그러더니 "네 까짓 게 뭔데.", "우리가 너희들 대학 보내려고 휴일도 없이 학교에 나오는데."라는 말과 함께 매타작이 시작됐습니다. 교묘하게도 얼굴은 안 때리더군요. 목부터 시작해 허벅지까지 매로 온몸을 맞았습니다. 말할 기회도 없었습니다. 맞으면서 주위를 보니 저쪽에서 회장이 교사에게 '말'로 혼나고 있더군요. 그 교무실에서 교사들에게 둘러싸인 채 저만 맞고 있었던 것입니다. 아직도 이해가 안 됩니다만, 제 기억은 거기서 끝납니다.

나중에 다른 친구들한테 들으니 제가 엉엉 울면서 교실로 돌아와 수업을 들었다고 합니다. 그렇게 우는 모습은 처음 봤다고 하더군요. 그 일을 밀어 주던 친구는 대체 그때 무슨 일이 있었냐고 물었지만, 저는 대답할 수 없었습니다. 이야기를 꺼내면 교무실에서 맞았을 때의 기억이 생생히 떠올라서입니다.

그날 이후로 전 성격이 바뀌었습니다. 친구들과 어울리기 좋아하고 무슨 일을 할 때 앞장서서 나서기를 좋아했는데, 그날 이후로는 조용해졌습니다. 말수도 줄었고, 교사의 눈치를 보는 일이 잦아졌습니다. 폭력의 흔적은 몸과 마음에 트라우마로 남았습니다. 그래서 학교에 다니는 제 아이가 혹시라도 폭력을 당하고, 그 폭력의 흔적이 평생에 걸쳐 남게 될까 두렵습니다.

체벌의 빈도와 정도를 과거와 비교했을 때 나아진 것은 사실입니다만 훈육을 가장한 폭력은 여전히 학교 현장에 남아 있습니다. 언어폭력 역시 마찬가지입니다. 또 상·벌점제가 시행되면서 그동안 체벌로 해결해 오던 문제를 벌점으로 해결하는 측면도 있습니다.

체벌과 벌점은 모두 징벌입니다. 체벌은 폭력을 통한 징벌이고, 벌점은 점수를 통한 징벌입니다. 물론 상도 있습니다만, 대체로 학교에서 학생은 징벌로 통제됩니다. 학교가 수용소나 교도소와 비슷하다고 하는 것도 이런 이유에서입니다. 징벌은 규칙을 깨트리지 말 것을 요구하는 강제력입니다. 되는 것과 안 되는 것을 구분 짓고 누군가 안 된다고 한 것을 행했을 때 징벌을 가합니다. 징벌이 교육 현장에서 학생들을 통제하는 주요 수단이 된다는 사실은 불행한 일입니다. 학생들은 징벌을 받지 않기 위해 뭔가를 하거나 하지 말아야 합니다. 이렇게 되다 보니 학교에 있는 것 자체만으로 위축됩니다.

교사의 경우 가르친다는 명분으로 학생들의 자유를 박탈하고 학생을 통제와 관리 대상으로만 대하게 됩니다. 교사는 자신이 가르치는 학생들이 문제를 일으키지 않길 원하고, 이것은 교감과 교장도 마찬가지입니다. 언제부턴가 이들은 학생들을 가르치는 '교육자'가 아니라 학생들을 관리하는 '관리자'가 된 듯합니다. 그럼 학교는 자연스럽게 가르치고 배우는 공간이 아니라 관리하고 관리받는 공간이 되겠지요. 이런 공간으로 만들기 위해 사용하는 방법이 징벌을 기반으로 한 통제입니다.

사랑의 매는 없습니다. 어떤 이유를 들더라도 체벌은 폭력입니다. 맞아 본 사람은 압니다, 그 폭력의 상흔을.

그런데도 일부 사람들은 체벌이 필요하다고 주장합니다. 교권 수호를 위해서, 면학 분위기 조성을 위해서, 교육과 훈육을 위해서라는 것이 그 이유입니다.

체벌을 허용해야 한다고 하는 이들은, 수업 시간에 교사의 말을 듣지 않고 마음대로 행동해서 다른 아이들의 공부에 피해를 주는 경우에 체벌을 통해서라도 그 피해를 최소화해야 하지 않겠느냐는 이야기를 합니다.

그러면 저는 이렇게 대답합니다. 우선 학교 수업이 아이들에게 배움에 대한 호기심과 즐거움을 안겨 주었다면 그런 일이 발생하지는 않았을 거라고요. 그 다음으로 체벌은 너무 쉽고 위험한 방법이라고 말합니다. 체벌은 겉으로 보기에는 쉽게 학생을 제어할 수 있는 방법입니다. 맞은 학생은 당장은 조용해집니다. 하지만 그것은 자신의 잘못을 인정해서라기보다 맞는 것이 싫고 두려워서 보이는 모습일 뿐입니다. 체벌을 당하면 자신의 존엄성과 자존감이 무너졌음을 느끼며 반발심을 품게 됩니다.

또 체벌은 습관이 됩니다. 교사가 한번 때리기 시작하면 체벌보다 상대적으로 어려운, 학생을 대화로 설득하는 과정을 거칠 필요가 없습니다. 쉬운 방법만 찾게 됩니다. 그러다 보니 체벌 기준도 점점 낮아지고 횟수도 잦아집니다. 이 과정에서 민주주의의 가치라 불릴 만한, 대화를 통한 갈등의 조정은 사라집니다. 일방적인 폭력만 남게 되는 겁니다.

체벌 현장을 목격한 아이들은 어떨까요? 이제 공부에 집중할 수 있겠다고 생각할까요? 그들은 특별한 조건이나 상황, 이유가 있으면 권력을 가진 자가 폭력을 행사할 수 있다고 자연스럽게 받아들이게 될 겁니다. 체벌은 '맞을 짓이 있다'는 생각을 내면화시키는, 어떤 일을 했을 때 폭력으로 그것을 제압할 수 있다는 사실을 어릴 때부터 당연하게 여기게끔 합니다. 저는 이게 가장 큰 문제라고 봅니다. 한국 사회가 폭력에 너무나 너그럽고 둔감해진 것도 이 때문이라고 생각합니다.

체벌에 과연 교육적 효과가 있을까요? 제 경험으로는 전혀 없습니다. 폭력의 상흔만을 남깁니다. 폭력을 당한 사람은 제대로 된 삶을 꾸려 나갈 수가 없습니다. 남에게 폭력을 당할까 두려워하거나 폭력을 당하지 않기 위해 더 폭력적으로 변하는 경우도 있습니다.

민주 시민을 키운다는 학교에서 민주주의와 거리가 먼, 폭력과 징벌을 사용한 통제가 이뤄지고 있습니다. 이런 환경에서 민주 시민이 나올 리 만무하죠. 오히려 권위에 복종하고 권력에 굴복하는 것이 체화된 사람이 만들어질 뿐입니다. 그리고 이런 사람들이 다시금 학교에서 벌어지는 체벌과 징벌을 옹호합니다. 악순환입니다.

입장을 조금만 바꾸어 보면 학생들에게 가해지는 체벌과 징벌이 얼마나 어이가 없는 일인지를 알 수 있습니다. 성인이 규율을 어겼다고 해서 무릎을 꿇리거나 때리지 않는 것만 봐도 그렇습니다. 그런데 어른들은 유독 아이들에게 체벌과 징벌이 필요한 것처럼 여깁니다. 왜 그렇게 생각할까요?

학생을 불완전한 존재로 여기기 때문입니다. 교사들이 '교권'을 강조하는 것도 이 때문입니다. 교사들은 학생들을 가르치는 일에 있어서의 권리인 교권을, 학생들을 통제할 수 있는 불가침의 권리인 것으로 착각하곤 합니다. 학생이 교사에게 대들 수 없는 권리 정도로 교권을 인식하는 것이지요. 학생 입장에서 교육은 의무이지만 권리이기도 합니다. 그래서 교사에게 가르칠 권리가 있다는 건 저에게 이상하게 들립니다. 더구나 배우는 학생이 원치 않는 폭력을 사용하면서 가르칠 권리를 주장하는 것은 어불성설입니다.

교권은 학생을 통제하고 체벌과 폭력을 행사하며 징벌하는 데에 쓰는 권력이 아닙니다. 교사에게 교육은 권리가 아니라 전적으로 의무와 책임입니다. 그럼에도 아직까지 학교에서 민주주의에 반하는 교육이 이뤄지고 있습니다. "예전에는 애들 좀 때려도 아무 문제가 없었다." "그렇게 말 안 듣는 애들을 때리지라도 않으면 어떻게 가르치라고?"라는 식의 말들이 거리낌 없이 나오는 학교 문화가 계속 남아 있는 한, 어린 시민은 거세당할 수밖에 없을 터입니다.

교문 밖에 나갔다 와도 돼요?

사사건건 허락을 구해야 하는 아이들은
어른이가 되어 버릴 수 있습니다

입대하여 자대 배치를 받았을 때 황당한 경험을 했습
니다. 그때는 황당하다는 생각을 하지 못했지만 돌이켜
보면 정말 이상한 일이었습니다. 이제 막 자대 배치를 받
은 신병을 어린아이 취급한 겁니다. 선임병이 일주일 동
안 신병 옆에 달라붙어 화장실 갈 때도 같이 가고, 밥 먹
을 때도 같이 다니고, 어디를 가든 붙어 다녔습니다. 마치
신생아가 된 기분이었습니다. 저는 그 선임병에게 화장
실 갈 때에도 일일이 허락을 구하고 같이 다녀야 했습니

다. 뭐든 제 마음대로 할 수 없었고 바빴던 선임병의 눈치와 질책 어린 시선을 감내해야 했습니다.

군인은 병영 내에서 마음대로 돌아다니면 안 됩니다. 근무지를 지키고 있어야 하고, 시간에 맞춰 정해진 일들을 해야 합니다. 자라면 자고, 일어나라면 일어나고, 밥 먹으라면 밥 먹고, 훈련하라고 하면 훈련하고, 운동하라고 하면 운동하고, 일하라고 하면 일하고. 이것은 군인이라는 신분의 특성상 어쩔 수 없다고 해도, 휴식 시간에는 어떨까요?

이등병 때는 휴식 시간에 아무 것도 할 수 없었습니다. 부동자세로 텔레비전만 주구장창 봐야 했습니다. 일등병이 되면 종이접기 같은 건 할 수 있었습니다. 상병이 되면 책을 좀 들여다볼 수 있었고, 병장이 되면 책도 보고 음악도 들을 수 있었습니다. 계급이 올라갈수록 내무반에서 누릴 수 있는 자유의 한도는 조금씩 올라갔습니다.

사실 군 생활, 별로 어렵지 않았습니다. 누군가 허락하면 하고, 허락하지 않으면 안 하면 되니까요. 그런 생활에 너무 익숙해져 있었지요. 12년간의 학교생활 동안 단련된, 복종의 습관만 살려 내면 되었습니다. 둘 사이의 차이점이라면 군대에서는 국방의 의무를 위해 국가에 자유를 바쳐야 하는 것이라면, 학교에서는 학생의 미래를 위한 나는 말로 현재의 자유를 유예하도록 강제당하는 것 정도였습니다.

그런데 생각해 보면 이상합니다. 군대야 그렇다 쳐도 민주 시민을 양성하는 학교에서 통제와 구속이 너무나 자연스럽게 이뤄지는 것은 이상한 일이고, 이상하다고 느껴야 할 일입니다. 하지만 너무 익숙해서인지 학교를 다닐 때도, 졸업하고 나서도 한동안 그런 생각을 하지 못했습니다. 시간과 생각과 행동과 말을 모두 구속당하고 있었는데도 당연하게 생각했습니다. 이러다 보니 구속에 저항하는 것은 언감생심 꿈도 못 꿨죠.

학교는 주체적인 인간을 용납하지 않습니다. 학생이 자기 뜻대로 생각하고 움직이는 것을 꺼려 하지요. 질서와 관리라는 이름으로 획일적인 기준을 내세워 통제합니다. 빈틈은 허용되지 않습니다. 학생들은 자신의 시간과 행동을 일일이 허락받습니다.

그러다 보면 '해야 할 일'과 '하지 말아야 할 일'이 정해집니다. 그런데 그 경계가 모호할 때가 많습니다. 그러니 학생들이 교사에게 계속해서 허락을 구하는 질문을 하게 되죠. "준비물을 안 가져왔는데 교문 밖에 나갔다 와도 돼요?", "추운데 가디건 입으면 안 돼요?", "이런 색깔 가방은 안 되나요?", "이 정도 머리 길이는 괜찮아요?", "지금 화장실 다녀와도 돼요?" 등등 끝이 없지요. 자기 몸 하나 마음대로 하지 못하고, 자기 의사도 제대로 표현하지 못합니다.

통제와 억압, 구속과 복종의 학교 문화는 근대적인 학교가 설립된 이유에서 기인합니다. 국가에 의해 주도되는 학교 교육은 19세기 초 프러시아에서 시작되었습니다. 당시 프러시아에서는 1814년에 징병제가 실시되고 1825년에 근대식 의무 교육이 시작되었는데, 그 두 제도 모두 프랑스군에 맞서는 군인이 필요했기 때문에 마련된 것입니다. 이때 철학자 피히테는 의무 교육을 통해 길러 내야 하는 다섯 가지의 인간상을 다음과 같이 제안합니다. '명령에 복종하는 군인', '고분고분한 광산 노동자', '정부 지침에 순종하는 공무원', '기업이 요구하는 대로 일하는 사무원', '중요한 문제에 대해 비슷하게 생각하는 사람들'로 말이죠.

그러니 학교가 군대와 비슷할 수밖에요. 군인처럼 학생에게 순종과 복종을 가르칠 수밖에 없었던 것입니다. 프러시아의 의무 교육 제도는 미국으로 수출되었고, 일본도 이것을 따랐습니다. 특히 일제 강점기에 우리나라에 이식된 일본의 근대식 학교는 군국주의적 성격마저 띠고 있었습니다. 일본의 학교에서 소풍은 군사 교육의 일환으로 시작되었고, 수학여행은 숙식을 직접 해결하며 진행한 무장 행군에서 비롯되었습니다. 교복은 일본 육군 부사관의 전투복을 모델로 만들어진 것이고, 시험은 서구의 지식과 문물을 경쟁적으로 습득하기 위해 도입한 것이었습니다.

일본으로부터 이식된 우리의 근대식 학교도 이런 공간이었습니다. 일제 강점기에는 교사가 칼을 차고 수업을 진행하며 천황의 명령에 복종하는 신민이 될 것을 가르쳤습니다. 해방 후의 학교는 반공을 내세우며 국가에 복종하는 국민을 길러 내는 곳이었습니다. 교사는 칼 대신 교편, 즉 매를 들고 교단에 섰습니다. '교편을 잡다'가 교사가 된다는 뜻의 관용구가 되었을 정도로 지시봉이나 매를 드는 일은 아주 일상적이었습니다. 또한 학생들은 각종 정치 행사에 동원되었고, 국기에 대한 맹세와 국민 교육 헌장을 읊어야 했습니다. 국기 하강식이 있으면 모든 학생이 가슴에 손을 올리고 국기를 바라보아야 했으며, 충과 효를 행하기를 강요받아야 했습니다. 초등학교란 용어를 쓰기 전에 사용했던 '국민학교'란 단어가 말 그대로의 뜻을 가지고 있었던 셈입니다.

그런데 문제는 학교가 지금까지 억압과 통제의 공간으로 남아 있다는 점입니다. 민주 시민을 길러 낸다는 교육 이념에도 불구하고 전체주의와 군국주의가 남아 있고, 병영 사회를 닮은 학교 문화는 여전합니다.

정확한 시간에 출근과 퇴근을 하고, 직장에서는 정해진 시간에 노동을 해야 하는 구조를 아이들은 학교에서부터 배웁니다. 학교를 졸업하면 피히테가 근대식 교육을 통해 길러 내고자 했던 고분고분한 노동자, 기업이 요구하는 대로 일하는 사무원이 되지요. 더 나아가 사회를 비판적으로 바라보는 시각을 갖추지 못해 고분고분하면서도 노동 현장에서 일할 수 있을 정도의 현명함을 갖춘, 복종할 줄 알고 그것이 몸에 밴, 부당함에 저항하기보다 비슷한 사람들끼리 경쟁하며 서로를 갉아먹는 국민으로 키워집니다.

이런 학교에 12년 동안 다니는 학생들이 시민성을 갖추기란 여간 어려운 일이 아니겠지요. 제가 그랬던 것처럼 '학교는 원래 이런 곳'이라고 인식하게 되면, 교사에게 모욕과 수모를 당하고 자유를 구속당해도 아무런 문제의식을 느낄 수 없습니다.

더 큰 문제는 이들이 성인이 된 이후에도 끊임없이 허락을 받는다는 것입니다. 자기보다 나이가 많거나 서열이 높은 이들에게 지시와 명령을 받기 원합니다. 편하기 때문입니다. 그렇게 살아왔기 때문입니다. 자신의 의지대로 무언가를 하는 데에는 책임이 따릅니다. 하지만 타인의 명령대로 움직이면 책임을 면할 수 있을 것 같습니다. 허락이 떨어진 이상 그 안에서 무엇을 해도 괜찮다고 여길 수도 있습니다. 멘토에 열광하고, 아무리 봐도 독재자에 가까운 지도자에게 열광하는 것도 이런 이유가 아닐까 생각합니다.

이렇게 자신의 힘으로 인생을 개척해 나가기보다 타인의 뜻과 의지에 맞춰서 살아가는 것을 편하게 여길 때 자유와 독립은 멀어집니다. 타인의 시선에 얽매일 수밖에 없습니다. 또 이런 사람들은 자신에게 권력이 주어지면, 자기보다 서열이 낮은 이에게 복종을 요구합니다. 자신이 그랬기 때문에 남도 그래야 하는 것처럼 굽니다.

어른은 아이가 험난한 세상에서 자기 뜻을 펼치며 독립적인 존재로 살아가기를 바랄 것입니다. 언제까지고 어른에게 의존하지 않고 자기 몫을 해 내는 온전한 성인이 되길 바랄 것입니다. 그러나 정작 우리의 교육은 독립보다 의존을 가르칩니다. 스스로 생각하고 행동하는 자유를 누리게 하는 것보다 타인의 지시와 명령에 복종하는 것을 가르칩니다. 자식의 삶에 깊이 관여하고 사사건건 간섭하는 부모에게서 자란 아이들, 규율만 강조하며 아이들을 옴짝달싹 못하게 만드는 학교 문화에서 자란 아이들에게 이런 독립심을 기대하는 것은 욕심이겠지요.

배고파 봐야 세상을 알지

부의 정도에 따라 차별하지 않고
궁핍으로부터의 자유를 가르쳐야 합니다

부끄러운 자기 고백부터 하려 합니다. 중학교 1학년 때였습니다. 학교에서 이런저런 명목으로 걷는 돈이 꽤 있었습니다. 수업료에 육성회비, 보충 수업비, 학급비 등등이었습니다. 그때 정확히 어떤 용도의 돈이었는지는 모르겠는데, 반에서 한 아이가 돈을 못 낸 적이 있었습니다. 교사가 그 친구에게 돈을 안 냈다고 지적했고, 쉬는 시간에 저도 그 친구에게 왜 돈을 빨리 안 내냐고 말했습니다. 아이들이 다 있는 데서 말입니다. 보통 오지랖이 아니었던 게죠.

그러다 그 친구에게 "네가 뭔데 참견이냐?"라고 한 소리 들었습니다. 저는 그 친구가 부모님께 말씀드리는 것을 잊어서 돈을 내지 않는다고만 생각했습니다. 또 교사가 공개적으로 돈을 안 낸 학생에게 빨리 내라고 재촉하니 저 역시 그래도 된다고 생각했던 모양입니다. 꽤 친했던 친구인데 그 이후로 관계가 소원해졌고 중학교 졸업할 때까지 그 관계는 회복되지 않았습니다.

그 친구가 왜 그때 돈을 제때 못 냈는지는 정확히 모릅니다. 다만 제가 그것을 그 친구의 잘못으로 여겼다는 사실은 분명합니다. 그러니 '공평함'에 기대어 50여 명의 친구들이 다 있는 자리에서 공개적으로, 크게 말한 거겠죠. 나중에 가서야 돈을 안 낸 것이 아니라 경제 사정 때문에 못 낸 것일 수도 있었겠구나 하는 생각에 많이 부끄러웠고 그 친구에게 미안했습니다. 다른 기억은 사라졌어도 이 기억만은, 저에게 화를 내던 그 친구의 얼굴과 표정까지 생생한 것을 보니 정말 많이 부끄러웠던 모양입니다.

명백한 제 잘못입니다. 우선 남의 일에 참견한 것부터

가 잘못이지요. 또 섣불리 판단하고 오지랖 넓게 공개적으로 이야기한 것도 잘못입니다. 무엇보다 타인의 입장을 전혀 고려하지 않은 것이 가장 큰 잘못이었지요. 그런데 제 잘못과 함께 한 가지 더 짚고 넘어가고 싶습니다. 바로 종례 시간이면 학생들의 이름을 부르면서 돈을 빨리 낼 것을 종용했던, 그것을 당연하게 여겼던 교사들의 태도, 그리고 그 위에 있었던 학교 당국의 태도입니다.

교사들도 당시에 압박을 받았을 겁니다. 수금(?) 상황이 좋지 않은 반의 교사는 학교의 고위직들에게 독촉을 받았을 겁니다. 그래도 그렇게 공개적으로 학생들의 이름을 부르며 돈을 내라고 이야기했어야 했을까요? 내고 싶어도 못 내는 학생들이 분명 있었을 겁니다. 그 학생들은 종례 시간이 다가오면 가슴이 떨리고 불안해지기 시작했겠지요. 수치스러웠을 겁니다. 열등감에도 시달렸을 테지요. 엄청난 권위자인 교사로부터 공개적으로 모욕을 당한 것과 다름없었으니까요.

지금도 이런 상황은 반복되고 있습니다. 『왜 학교는 질문을 가르치지 않는가』(갈라파고스, 2016)를 쓴 교사 황주환 씨가 경험한 일입니다. 그가 근무하던 학교에 자수성가한 기업가가 형편이 어려운 학생들에게 주라며 월 100만 원씩 기부하기로 했답니다. 그런데 교장이 기부자의 뜻을 거스르고 장학금 종류를 성적 우수 장학금과 생활 장학금으로 나누었고, 운동장 조회 시간에 학생들에게 장학금을 주고 난 뒤 이렇게 일장 연설을 했다고 합니다.

자신의 삶을 스스로 책임지라면서, 지금 가난하게 사는 사람들은 청춘을 허비했기 때문이고 게으름과 무책임의 결과라고 했습니다. 그러니 젊은 날을 허비하지 말고 사회와 국가에 기여하는 자랑스러운 인물이 되라고요.

이 연설을 들은 황주환 씨는 교장이 아이들에게 무슨 말을 한 것인가 한탄합니다. 생활 장학금을 받은 학생들의 부모는 청춘을 허비한 탓에 사회에 손을 벌리는 무책임한 사람이 되었으며, 더군다나 그 말을 왜 아이가 전교생 앞에서 들었어야 하는지 이야기합니다. 학교장은 결국 얼마의 돈으로 생활 장학금을 받은 아이와 그 부모를 능멸한 것이나 마찬가지라고요.

노력하지 않았기 때문에, 청춘을 허비했기 때문에 가

난한 것일까요? 아닙니다. 오히려 가난을 벗어날 수 없는 사회 구조가 문제입니다. 가난한 자는 그렇지 않은 자와 비교했을 때 더 거칠고 힘에 겨운 노동에 시달립니다. 노동 시간도 더 많습니다. 그렇게 '뼈 빠지게' 일해도 가난의 늪에서 벗어나기 힘듭니다. 정신노동과 육체노동을 구분하고, 육체노동보다 정신노동을 더 높게 평가하며 임금을 많이 줄 때 가난은 아무리 노력해도 벗어날 수 없는 개미지옥과 같은 늪이 됩니다. 그런데도 사회와 국가에 손을 벌리지 말라고 하지요. 그러면 어떻게 해야 할까요? 이들은 평생 가난에 시달려야 할까요? 가난을 대물림해야 할까요? 기회의 평등이 이뤄지지 않고 과정의 평등도, 결과의 평등도 없는 사회에서 죽음의 벼랑으로 내몰려야 하는 걸까요?

그런 저간의 사정을 무시한 채 사람들은 가난의 책임을 개인에게 돌립니다. 너무나 편하게 "너의 노력이 부족했기 때문이야."라며 말이죠. 모든 책임을 개인에게 돌리는 사회라면, 그것은 사회라고 지칭하기 힘듭니다. 구조적인 잘못을 개인에게만 전가하고 있으니까요. '배고파 봐야 성공한다', '젊어서 고생은 사서도 한다', '젊은이는 열정이 있어야 한다'는 식으로 말이죠. 하지만 가난은 우리 사회에서 성공을 위한 발판이 아닌, 옴짝달싹할 수 없고 벗어날 수 없는 천벌입니다.

가난에 따른 차별이 처음 시작되는 곳이 학교입니다. 가난했지만 장학금을 받고 부자들이 다니는 명문 사립 학교에 진학했던 소설가 조지 오웰은 자전적 소설 「엽란(葉蘭)을 날려라」에서 가난한 아이에게 줄 수 있는 가장 잔인한 벌은 그를 부자 학교로 보내는 것이라며, 그곳에서 아이가 가난을 의식하게 되면 어른들이 상상할 수 없을 정도의 속물적 고뇌로 고통받는다고 말한 바 있습니다. 부의 유무에 따라 교사로부터, 또 동급생으로부터 무시당한 경험은 오웰에게 큰 상처로 남았습니다. 가난이 '잔인한 형벌'이 된 것입니다.

우리 사정도 크게 다르지 않습니다. 같은 학교에 다니더라도 부의 정도에 따라 어울리는 무리가 갈리고, 학생회장을 하려면 공부를 잘하는 모범생이어야 함은 물론, 적어도 교무실에 피자를 돌리거나 정수기 같은 것을 설

치할 수 있는 부모의 재력이 있어야 합니다. 그 부모는 학교 내에서 큰소리를 낼 수 있는 사회적 지위도 있어야 겠지요. 아니라고 할 사람은 별로 없을 겁니다. 그것이 오랫동안 학교 내에 계속되어 온 문화이니까요. 학생들의 투표를 통해 뽑히니 겉으로 보면 민주적인 절차에 따르는 것 같지만, 속을 들여다보면 일정 정도의 자격을 갖춘 이들 중에서 고르게 되는 것뿐입니다. 때로는 좋은 대학에 가기 위해 가산점이 필요한 아이를 학생회장으로 당선시키려고, 교사가 다른 학생에게 학생회장 후보를 포기할 것을 종용하기도 합니다.

가난은 죄가 아닙니다. 가난한 자가 조금 더 나은 삶을 살 수 있게 하는 곳이, 그런 사회적 합의가 가능한 곳이 진정한 민주주의 사회라고 할 수 있을 것입니다. 물론 능력에 따라 부를 축적하는 것은 자본주의 사회이니 당연합니다. 문제는 땀 흘리지 않고 돈으로 돈을 버는 사람들이 많다는 겁니다. 불로 소득자와 지대 수입자가 대개 그렇습니다. 그리고 그들이 쌓은 부는 자식들에게 그대로 대물림됩니다.

그 와중에 보통의 학생들은 학교에서 부의 정도에 따른 차별을 경험하고, 대학에 진학해서는 천정부지로 치솟은 등록금과 생활비 때문에 학자금 대출을 받아 학교에 다닙니다. 그것은 졸업 후에 고스란히 채무로 남습니다. 취직을 바로 하면 다행이지만 그렇지 못한다면 사회에 나서자마자 신용 불량자가 되어 오로지 빚을 갚기 위한 인생만을 살게 됩니다. 이런 이들에게 희망을 말할 수 있을까요? 빚에 허덕이며 아르바이트로 근근이 버티다가 졸업 후에도 계속 궁핍한 이들에게 배고파 봐야 성공한다고 말할 수 있을까요? 3포 세대를 거쳐 N포 세대가 된 이들에게 저런 말은 세상 물정 모르는 소리로 들릴 겁니다.

궁핍으로부터의 자유는 민주주의의 토대입니다. 별 상관이 없다고 생각할지 모르지만, 개인이 진정한 자유를 누리려면 궁핍으로부터 먼저 자유로워져야 합니다. 미국의 대통령이었던 프랭클린 D. 루스벨트는 진정한 개인의 자유는 경제적 보장과 독립 없이는 존재할 수 없고 빈곤한 사람은 진정한 자유인이 아니라고 하며 1944년 '궁핍으로부터의 자유'를 천명합니다. 이는 최소한의 생활을 누릴 수 있는 사회 보장의 권리를 주창한 것으로, '유용하고 보수도 적절한 직업을 가질 권리, 적절한 음식과 의복, 여가 생활을 누리기에 충분한 돈을 벌 권리, 모든 농민이 작물을 기르고 팔아 가족의 생계를 남부럽지 않게 꾸릴 권리, 크고 작은 사업자들이 나라 안팎에서 독점 기업의 부당 경쟁이나 지배에서 벗어나 동등하게 거래를 할 권리, 모든 가족이 제대로 된 집을 가질 권리, 적절한 의료를 받아 건강을 누릴 권리, 노후, 질병, 사고, 실업 등의 경제적 두려움으로부터 적절히 보호받을 권리, 좋은 교육을 받을 권리' 등이 열거되어 있습니다.

저는 학교에서 이 '궁핍으로부터의 자유'를 가르쳐야 한다고 생각합니다. 또 국가가 국민들의, 사회가 시민들의 궁핍을 해결하기 위해 더 노력해야 한다고 여깁니다. 배고파 봐야 한다며 가난을 개인의 책임으로 돌리는 한, 남과 비교했을 때 상대적으로 적은 재산 때문에 가족들에게 죄의식을 느끼는 한, 경쟁을 가장한 약육강식의 논리가 횡행하는 한, 민주주의 사회는 요원합니다. 평등한 시민은 애초부터 존재하지 않게 되기 때문입니다.

또 궁핍으로부터의 자유는 인권의 문제이기도 합니다. 인권은 크게 두 가지, 자유권과 사회권으로 이해됩니다. 자유권은 신앙·학문·언론·집회·결사·직업 선택의 자유 등 시민의 정치적 권리를 의미합니다. 사회권은 노동권, 주거권, 사회 보장권 등 모든 사람이 최소한의 인간다운 삶을 누릴 수 있는 조건을 보장받을 권리를 의미합니다.

그렇기 때문에 어린 시민에게 더 노력해야 한다면서 배고파 봐야 세상을 알 수 있다고 말하는 것은 인권을 부정하고, 민주주의 사회를 부정하는 것과 마찬가지일 수 있습니다. 다시 한번 말하지만 가난은 죄가 아닙니다. 그리고 궁핍으로부터의 자유는 민주주의 사회의 토대가 됩니다.

너희들은 동성애 하지 마라

혐오 표현에 담긴 차별과 폭력,
증오와 배제를 일깨워야 합니다

발 없는 말이 천 리 간다고 했던가요. 말은 바람과 같다고 했던가요. 말은 정말 순식간에 퍼집니다. 그중에서도 사람에게 '벌레 충' 자를 붙여 부르는 혐오 표현을 보면 좋은 말보다 나쁜 말이 더 빨리 퍼지는 것 같습니다.

이제는 그런 표현에 담긴 차별과 혐오, 폭력과 증오의 의미가 '그저 농담'처럼 너무나 자연스럽게 통용되는 듯해 무섭습니다. 더구나 아이들이 혐오 표현을 아무렇지도 않게 사용하는 세태가 정착된 것 같아 당혹스럽습니다. 아직 제 아이 입에서 이런 혐오 표현을 들은 적은 없지만, 어쩌면 이미 이런 표현을 쓰고 있을지도 모르지요.

국가 인권 위원회는 혐오 표현을 "어떤 개인·집단에 대하여 사회적 소수자로서 속성을 가졌다는 이유로 차별·혐오하거나 차별·폭력을 선동하는 표현"이라고 정의했습니다. 그 말대로 혐오 표현은 소수자이거나 소수자로 인식되는, 힘이 없는 자에게 향하는 경우가 대부분입니다. 그런데 아이들은 물론이고 교사도 이런 혐오 발언에 동참합니다.

국가 인권 위원회가 2014년 만 13~18세 성 소수자 200명을 대상으로 조사를 한 결과, 응답자의 80%가 교사로부터 성 소수자 혐오 표현을 들은 경험이 있다고 답했고, 92%가 다른 학생으로부터 혐오 발언을 한 번 이상 들은 경험이 있는 것으로 나타났습니다. 실례로 교사가 수업 시간에 대뜸 "너희는 동성애 하지 마라. 어제 동성애 영상을 봤는데 더럽더라."라고 공공연히 혐오 발언을 하는가 하면, 어렵게 '커밍아웃'을 하고 교사와 상담을 했는데, 그 내용을 다른 교사들에게 말하고 다녀서 결국 다른 아이들까지 알게 된 경우도 있었습니다.

전국 교직원 노동조합 여성 위원회가 2017년 유치원과 초·중·고 남녀 교사를 대상으로 한 설문 조사 결과, 633명의 응답자 가운데 여성 혐오 표현을 직간접적으로 경험했다는 교사가 375명으로 59.2%에 이른 것으로 나타났습니다. 연령대별로는 20대 교사(70%), 학교급별로는 고등학교 교사(73.6%) 등이 많았습니다. 그런데 여기서 주목해야 할 것이 여성 혐오 표현을 쓰는 집단(중복 응답)입니다. 남교사가 48.5%, 관리자가 45%, 남학생도 45%를 차지했습니다. 교사에 대한 성희롱도 동료 교사 71.9%, 교장이나 교감 등의 관리자 55.4%에 이어 학생이 26.6%를 차지했습니다.

누군가를 맘충이나 애비충, 담임충, 지균충, 기균충, 설명충, 진지충 등으로 부르는 행위에는 비하와 차별, 그리고 혐오와 증오, 폭력이 담겨 있습니다. 문제는 이런 혐오 표현이 너무나 일상화되다 보니 그 안에 포함된 차별과 폭력, 증오의 의미를 간과하고 있다는 겁니다. 아이들은 다른 아이들에게도, 또 자기 자신에게도 '학교에서 급식만 축내고, 급식 시간이 아닐 때에는 잠만 자다 돌아오는 학생'의 뜻인 급식충이란 단어를 스스럼없이 씁니다. 심지어 한 중학생이 누군가 자신을 급식충이라고 불러도 별다른 거부감은 없다면서 자기 세대를 설명하는 표현 중 하나일 뿐이라고 생각한다고 말한 것도 보았습니다.

교실이 혐오의 배양지가 되고 있다는 시각도 있습니다. 아이와 교사 모두가 혐오 표현에서 자유롭지 못하고, 특히 아이들에게 혐오는 일종의 또래 문화가 되고 있다는 것입니다. '애미'는 아이들에게 엄마를 비하하는 뜻이 되어 교실 안에서 가장 자주 쓰이는 욕입니다. '니애미, 느금마, 엠창' 등의 표현으로 말이죠. 물론 전에도 이런 표현들이 있었습니다만, 제 기억으로 과거에 이 표현을 누군가 쓰면 즉각 싸움으로 번졌습니다. 그런데 지금은 낄낄대고 킥킥대며 사용하는 유희의 표현으로 바뀌고 있습니다. 이런 상황이 불편한 아이들도 있겠지만 따돌림을 받지 않으려면 이에 동조하거나 침묵해야 합니다. 만약 반발하면 그 혐오 발언이 자기에게도 쏟아지고 위협을 받기 때문입니다.

교사들의 혐오 표현도 문제입니다. 다문화 가정 학생을 '차이나'라고 지칭하고, '짱깨'나 '쪽바리' 같은 인종차별적 표현을 쓰기도 합니다. 또 '애새끼들'이나 '쓰레기들' 같은 말을 하고, 화장한 여학생에게 '술집 여자 같다'고 하기도 합니다. 반대로 학생들이 젊은 여교사에게 대놓고 욕하거나 여자친구와 성관계한 이야기를 강조하는 경우도 있습니다.

이런 혐오 표현은 요즘 청소년의 문화로 자리 잡은 '쿨' 정서와 결합해 '유희'로 둔갑합니다. 『학교는 민주주의를 가르치지 않는다』(인물과 사상사, 2017)의 저자 박민영 씨는 요즘 청소년들에게서 흔히 볼 수 있는 '쿨'의 정서가 미국 흑인 노예들의 생존 전략이자 성공 전략과 닮아 있다고 말합니다. 흑인 노예들은 백인들의 가혹한 억압과 착취, 차별을 견뎌 내기 위해 자신의 감정을 억누르고 침착함을 유지하는 것이 필요했기 때문에 '쿨'할 수밖에 없었습니다. 그리고 '세상이 뭐 그렇지' 하는 식으로 초연한 태도를 보여야 주인의 인정을 받으며 다른 동료보다 높은 지위를 얻을 수 있었습니다. 박민영 씨는 대한민국 10대들이 보이는 '쿨'의 정서도 억압과 차별, 폭력과 폭언이 난무하는 입시 경쟁에서 오는 극심한 스트레스로부터 자신을 지키려는 방어 기제가 기본이라고 말합니다. 그러면서 쿨의 정서에 기대어 강한 척을 해야 하는 청소년들의 처지가 흑인 노예들과 다르지 않다고 주장합니다.

앞서 소개했던 혐오 표현을 많이 쓰는 아이들은 '센 척'을 하면서 또래에서 우위를 차지하려 하는 경향이 많습니다. 그 혐오 표현에 반발하는 아이들이라 해도 '쿨'한 척 하며 이를 웃어넘길 수밖에 없습니다. 그렇지 않으면 '진지충'이 되기 때문이죠. 어찌 보면 쿨의 정서가 혐오 표현의 토대가 되는지도 모르겠습니다.

혐오 표현 역시 개인적인 호오에 따른 것으로 표현의 자유를 존중해야 한다는 주장도 있지만, 누군가를 모욕하거나 언어폭력을 행사하는 것이기에 표현에 대한 책임도 져야 합니다. 이런 혐오 표현까지 표현의 자유로 인정하려면, 특정 인종에 대한 혐오로 권력을 잡아 그들을 학살한 나치즘 또한 인정해야 하는 논리적 모순부터 해결해야 할 것입니다. 어떤 특정 집단, 특정 개인에 대한 혐오는 흑인과 유대인을 차별하고 그들을 인간 이하로 취급했던 일과 하나도 다르지 않습니다. '쿨'한 태도로 농담으로 간단히 넘길 수 없는 사안인 것입니다.

혐오는 민주주의의 적입니다. 누군가를 차별하고 폭력을 행사하기 때문입니다. 혐오는 나보다 못하다고 여기는 이, 소수자, 힘과 권력이 없는 이들에게 향하기 때문에 더 문제입니다. 또 어릴 때부터 이런 표현에 익숙해지는 것도 문제입니다.

한 성 소수자는 이러한 사회 현실을 해결하기 위해서 혐오 표현을 쓰면 안 된다는 교육을 어린 나이부터 받아야 한다고 말했습니다. 또 다른 성 소수자는 우리는 조금 다른 사람일 뿐이니 그 자체로 봐주면 좋겠다고 하며 어린 나이 때부터 다른 사람을 인정하는 법을 배워야 한다고 말했습니다.

혐오 표현을 쓰는 사람들은 자신들이 내뱉은 그 말들이 상대방에게 어떻게 폭력으로 가닿는지, 어떻게 인간의 존엄성을 파괴하는지, 그들이 왜 자살 같은 극단적인 방법을 선택하고 주류에서 밀려나 숨죽이고 사는지를 알아야 합니다. 반드시 알아야 합니다. '센 척'을 하고 싶어서, 우스갯소리로, 서열상 높은 지위를 차지하기 위해 내뱉은 그 말들이 얼마나 무서운지를 느껴야 합니다. 그러므로 혐오 표현을 쓰면 안 된다는 교육은 가정과 학교에서부터 시작되어야 합니다.

스스로 페미니스트 교사라고 하는 이용석 씨는 아이들이 혐오 표현을 욕으로 쓰는 행동을 교사가 막는 것에서 그치면 그 아이는 '쎈 애'가 될 수 있다고 합니다. 그보다 아이들이 교실에서 쓰는 단어를 그대로 가져와 그 단어에 대해 자신들의 언어로 이야기하며 성찰하게 하는 것이 필요하다고요. 친숙한 단어라 하더라도 그 단어를 왜 그런 맥락에서 그런 의미로 썼는지 아이들이 제대로 답하는 것은 쉽지 않았다며, 함께 그 이유를 생각해 보는 시간을 가지라고 조언합니다.

실제로 이에 관한 반가운 사례가 있습니다. 충북 보은 여고의 인권 동아리 '소수자들' 회원들은 교실 칠판에 "오늘의 혐오 표현 – 김치녀, 사용하지 않기" 등을 적어

놓고 아이들과 공유하며 사용을 자제할 것을 요청하고 있습니다. 동아리 회원 김하린 씨는 '병신', '김치녀', '급식충'이 각각 장애인과 여성, 청소년을 비하하거나 혐오하는 표현이라고 아이들에게 이야기하면, 친구들이 몰랐다고 하면서 그 표현을 자제한다고 말했습니다.

바람과 같이 빠른 말은, 때로 그 진짜 의미가 휘발된 채 '유희'의 형식으로 전해지기도 합니다. 얼마나 심각한 언어인지조차 모르게 말이죠. 혐오 표현 안에 포함된 차별과 폭력, 증오와 배제의 의미를 일깨워야겠습니다. 유희로 둔갑해 폭력성을 희석시키는 정서를 걷어 내고 말이죠.

Part 3

어린 시민의 언어를 빼앗는 사회

아동과 청소년을 바라보는 시선은 그들이 아직 성장 과정에 있고, 미성숙하다는 틀에 갇혀 있습니다. 이런 틀 안에서 이들은 시민으로 인정받지 못합니다. 자신의 목소리조차 내지 못합니다. 이런 시선은 아이들을 차별하는 원인이 됩니다. 아이들은 미성숙하니 보호해야 하는 존재라고 말하지만, 현실에서는 미성숙하니 차별해도 된다는 도식이 더 잘 드러납니다. 청소년들은 노동 현장에서 노동력을 착취당하고, 교육 정책 수립이나 자율 학습 폐지 등 청소년의 생활에 직접적으로 영향을 끼치는 일에 참여하지 말고 침묵할 것을 강요당합니다. 어른들이 알아서, 이 사회가 알아서 할 일이라는 겁니다. 이것은 아이들을 말 못하는 존재로, 시민이 아닌 존재로 만드는 일입니다.

삶의 방식으로서의 민주주의는 학교에서와 마찬가지로 사회에서도 이뤄지지 않습니다. 오로지 경쟁에서 이기는 것만이 살 길이라는 것을 이 사회는 보여 줍니다. 정신노동과 육체노동의 가치를 나누고 정규직과 비정규직의 신분을 나누면서 임금과 대우의 차이를 당연한 것으로 만듭니다. 학력과 학벌에 따른 직업의 차이를 강조하고, 공부 못하면 시시한 사람이 된다는 말을 스스럼없이 합니다.

타인을 동료로 보지 않고 경쟁자로만 인식할 때, 공동체는 파괴됩니다. 시민끼리 연대하고 협력하는 일도 요원해집니다. 우리 사회는 경쟁을 강요하고, 실패의 원인을 노력이 부족했던 개인의 책임으로 돌립니다. 각자 수단과 방법을 강구해 경쟁에서 이기라는 것입니다. 공동체로서의 역할을 제대로 하지 못하고 있는 거죠. 모든 것이 어린 시민을 옥죄고 있습니다. 어린 시민의 눈과 입을 막고 있습니다. 어린 시민에게 설 자리를 주지 않습니다.

3부는 아이들을 시민으로 만들지 못하는, 아니 만들 생각도 없는, 어린 시민의 언어를 빼앗는 사회에 대한 이야기입니다.

너 공부 못하면 저런 사람 된다

어린 시민에게 노동의 가치가 동등함을
몸소 보여 줄 필요가 있습니다

아침 출근길, 아이들과 함께 집을 나섭니다. 아파트 단
지 안에서는 경비원 아저씨들이 일을 하고 있습니다. 낙
엽을 쓸기도 하고 재활용 쓰레기를 정리하기도 하면서
말이죠. 경비원 아저씨들에게 "안녕하세요." 인사를 드리
면 경비원 아저씨도 똑같이 "안녕하세요." 인사를 받습
니다. 그렇게 인사를 주고받은 뒤 아이들을 돌아보며 말
합니다. "인사드려야지." 그러면 아이들도 인사를 드립니
다. 소소하고 또 당연한 일이지만 경비원 아저씨는 아이

들의 인사를 받을 때면 얼굴이 환해집니다.

　경비원 아저씨들에게 인사를 하고 아이들에게도 인사를 하게끔 하는 것은 아파트라는 공동체에서 자주 마주치고 본인의 업무가 아닌 아파트 관리까지 해 주시는 분들이기 때문입니다. 택배 물건도 받아 주고, 청소도 하고, 눈도 치워 주고, 입주자 대표 회의에서 돌리는 서명지에 서명도 받아 주고. 그래서 고맙고, 아이들도 그걸 알아야 한다는 생각에 저렇게 하는 겁니다.

　온정이나 동정의 시선으로 그러는 행동이 아닙니다. 저는 경비원 아저씨들을 그렇게 보지 않습니다. 정당하게 노동을 하고 돈을 받는 노동자라고 생각할 뿐입니다. 월급을 얼마나 받는지 모르지만 노동량에 비해서는 적지 않을까 짐작합니다. 본연의 업무 외의 일들도 매일 하고 있으니까요.

　노동은 신성하다고들 합니다만, 저는 잘 모르겠습니다. 일하는 즐거움을 느끼기는 하지만 '신성하다'라는 어마어마한 단어까지 들먹일 필요는 없다는 생각입니다. 다만 노동의 가치는 동등하다고 생각합니다. 저는 육체

노동과 정신노동이라는 말을 싫어합니다. 육체만 쓰는 노동이 따로 있고 정신만 쓰는 노동이 따로 있는 것도 아닐뿐더러, 무엇보다 노동의 종류를 구분하는 데서 그치지 않고 거기에 서열을 만들어 줄을 세우고 있기 때문입니다. 다시 말해서 정신노동이 육체노동보다 상위에 있다고 여기며 정신노동을 하는 이가 돈을 더 많이 받는 것을 당연하게 생각하고, 돈을 더 버는 것으로 노동의 가치에 서열을 매기는 것이 못마땅합니다.

자신의 능력에 따라, 또 직장 내의 서열에 따라 버는 돈이 달라질 수는 있지만 노동의 가치를 깎아내리거나 차별하지는 말아야 합니다. 직업에 귀천이 없다는 말은, 어떤 노동을 하든 자기 스스로 벌어먹고 사는 사람들을 무시하거나 차별할 수 없다는 말과 같습니다. 그런데 우리 사회는 노동이 위계화되고 소득 격차가 점점 벌어지는 불평등한 현실을 너무나 당연하게 여기고 있습니다. 직업에 사실상 귀함과 천함이 존재하고, 좋은 직업을 가졌거나 부를 거머쥔 자들이 그렇지 못한 사람을 무시하고 차별하며 모욕까지 합니다.

대한민국 헌법은 제11조에서 "누구든지 성별·종교 또는 사회적 신분에 의하여 정치적·경제적·사회적·문화적 생활의 모든 영역에 있어서 차별을 받지 아니한다." 제15조에서 "모든 국민은 직업 선택의 자유를 가진다."라고 규정하고 있습니다. 헌법에 따르면 스스로 선택한 직업이 무엇이든 간에 그것으로 인해 차별받지 않아야 합니다. 하지만 실상은 그렇지 않죠.

"너 공부 못하면 저런 사람 된다." 한 청소 노동자가 들었던 말입니다. 백화점 화장실에서 모녀가 대화를 나누던 중에 엄마가 청소 노동자를 가리키며 아이에게 저리 말했다고 합니다. 공부하라는 말만 하면 될 것을 왜 바로 옆에서 일하는 청소 노동자까지 들먹였을까요?

저 말에는 여러 의미가 숨어 있습니다. 첫째는 '공부'를 '성공'과 등치시키는 성공 지상주의의 이데올로기입니다. '저런 사람', 즉 실패한 자가 되지 않기 위해서 공부해야 한다는 뜻이 담겨 있습니다. 성공하려면 공부를 잘해야 한다는 당부와 동시에, 반드시 성공해야 한다는 당위도 내포하고 있는 셈입니다.

둘째는 어떤 노동을 하는지에 따라 위계화되는 사회적 서열입니다. '저런 사람'은 이미 실패자입니다. 화장실 청소를 하는 이의 노동의 가치는 '저런 사람'이라는 말 한마디로 폄훼됩니다. 청소 노동을 해서 버는 돈으로 생활을 꾸려 나가는데도, 사람들이 꺼리는 일이라는 이유로 사회적 서열의 끝자락에 위치시켜 무시하는 것입니다.

셋째는 '저런 사람', 즉 실패자로 치부되는 사람에 대한 모욕입니다. '저런 사람'의 과거를 알 수 없습니다. 그가 공부를 잘했는지 못했는지, 공부할 여건이 마련되었는지 그렇지 않았는지 전혀 모르면서 자신의 편견으로 단순화된 도식을 들이미는 겁니다. 그 도식에 인간에 대한 존중은 없고 실패자에 대한 무시와 멸시만 가득합니다. 그러니 저런 말을 대놓고 할 수 있었던 거죠.

하위 노동을 하고 있다고 여겨지는 이는 때로는 무시와 멸시의 대상이, 그리고 때로는 동정과 온정의 대상이 됩니다. 저는 무시와 멸시만큼이나 동정과 온정도 마뜩지 않습니다. 후자 역시 그들을 동등한 인간으로 인정하지 않는 태도에서 비롯되기 때문입니다. 노동의 가치가 동등하듯 인간은 평등합니다. 그러나 민주주의의 핵심이라 할 수 있는 평등의 개념이 오늘날 우리 사회에서는 어떤 직업을 가졌고, 어떤 일을 하고 있는지에 따라 훼손됩니다.

학교에서도 이런 일이 비일비재하게 일어납니다. 정규직 교사와 기간제 교사를 대하는 아이들의 태도가 다릅니다. 진짜 교사가 아니지 않냐는 말로 기간제 교사를 무시하는 아이들도 있고, 젊은 기간제 여성 교사의 어깨에 손을 올리면서 "누나, 사귀자."라고 말하는 남자 고등학생도 있습니다. 한 기간제 교사는 수업 태도가 좋지 않은 학생을 나무랐다가 그 학생에게 학교에서 잘리게 하겠다는 말을 들었습니다.

더구나 기간제 교사는 같은 교사인 정규직 교사와 교장이나 교감 등의 관리자에게 차별을 당합니다. 이들은 학생들에게 교사를 소개하면서 기간제 교사임을 굳이 밝히기도 하고, '진짜 선생님'이 되면 정말 잘할 것 같다는 말을 스스럼없이 합니다. 거기에 기간제 교사는 담임, 동아리 담당, 방과 후 지도, 기숙사 관리 등 정규직 교사가 맡기 싫어하는 업무를 떠맡고 관리자의 눈치를 보느라 수업을 제대로 하기 힘든 상황에 처합니다.

어른도 아이도 기간제 교사가 약한 위치라는 것을 알아챕니다. 학교 내 비정규직은 이렇게 쉽게 차별의 대상이 됩니다. 같은 노동을 해도, 아니 더한 노동을 하고 있는데도 그 노동의 가치를 제대로 인정받지 못하는 것입니다. 오히려 '정규직'과 '비정규직'이 신분이 되어 급여부터 노동량까지 차별받습니다. 아이들은 노동에 서열이 있고 그 서열은 성적에 의해 판가름되며, 성공하지 못한 실패자는 무시해도 된다는 현실을 학교에서부터 배웁니다. 그 결과는 어떨까요?

『우리는 차별에 찬성합니다』(개마고원, 2013)의 저자 오찬호 씨는 정규직과 비정규직의 차별과 관련해 대학의 강의 현장에서 나온 청년들의 발언을 전합니다. 정규직 전환 약속을 받고 입사했다는 KTX 여승무원들의 오랜 투쟁에 대해, 20대 대학생들은 공으로 정규직이 되려고 하면 안 되지 않냐는 반응을 보였다고 합니다. 오찬호 씨는 이들이 사회로 나가면 정규직보다 비정규직이 될 가능성이 높기에 KTX 승무원들의 상황에 공감할 것이라고 생각했지만 현실은 그렇지 않았다고 토로합니다. 이 사태를 인권의 문제로 보지 않고 단순하게 도식화된 공평의 문제로 본 까닭입니다. 정규직 전환을 약속받았든 그렇지 않든, 처음부터 비정규직으로 들어왔으니 정규직이 되려고 하는 것은 날로 먹으려는 의도라는 것이죠. 오찬호 씨가 만난 청년들은 비정규직의 처우 개선과 비정규직의 정규직화를 전혀 다른 문제로 인식합니다. 저는 이 말에서 정규직과 비정규직이 신분이라는 것을 다시 한번 확인합니다.

이들에게 비정규직 사람들이 실제로 어떤 일을 하고 있는지는 중요하지 않습니다. 문제는 정규직과 비정규직이란 신분입니다. 정규직이 된 사람은 남들보다 엄청나게 노력해 좁디좁은 취업 문을 뚫었기 때문에 그에 맞는 대우를 받아야 하고, 비정규직이 그들과 똑같을 수 없다는 것이 주요 논점입니다. 그렇지 않으면 정규직이 되려고 아등바등했던 노력이 억울하다는 거죠.

노동의 가치보다 신분이 더 앞서는 겁니다. 평등한 인

간이란 명제보다 노력과 능력의 차이에 따른 차별이 더 당연시되는 셈입니다. 현대에도 부와 신분이 공고하게 세습되고, 부유한 이의 자녀가 사교육을 받아서 더 좋은 대학에 진학하고 더 좋은 직장에 취직하는 일이 다반사여도, 이들은 '능력 지상주의'의 신화에 매몰돼 제각기 살아 나갈 방법을 꾀하는 것만을 살 길로 압니다. 노동 유연화란 그럴싸한 이름 아래 진행된 비정규직 양산, 광범위하게 이뤄지는 비정규직 차별, 정규직과 비정규직 간에 갈수록 벌어지는 임금 차 등의 문제가 발생하는 근본 원인을 파악하고 이를 비판하며 개선해 나가려는 것이 아니라 노력과 능력, 공평한 시험이이라는 말의 허울에 휘둘리고 있습니다.

다시 한번 말하지만 노동의 가치는 동등합니다. 비록 지금은 직업과 직급이 신분이 되어 버렸지만, 어린 시민이 앞으로 살아갈 세상은 조금 달라지기 바랍니다. 달라질 세상은, 어린 시민에게 어떤 일을 하든 평등함을 몸소 보여 주는 것에서부터 시작될 터입니다.

그래서 내가 알바비를 안 줬어요

청소년의 노동은 성인의 노동과 동등합니다
그 자체로 존중받아야 합니다

　누군가에게서 독립할 때 가장 필요한 것은 경제력입니다. 그리고 어딘가에 매이지 않고 스스로의 삶을 살아갈 수 있는 경제적 독립의 바탕이 되는 것이 노동입니다. 노동력을 제공하고 그에 따른 보수를 받기 때문이죠. 물론 '사축'이란 말처럼 노동을 하기 때문에 회사에 얽매이기도 합니다만, 어찌 됐든 노동을 통해 개인은 독립생활을 누릴 수 있습니다.

　아이들이 부모로부터 쉽게 독립하지 못하는 이유는

부모에게 경제적으로 예속되어 있기 때문입니다. 부모 품에서 벗어나려면 당장 살 집과 생활비가 있어야 합니다. 아이들이 노동을 해서 이런 경제적 기반을 마련하기란 쉽지 않고, 일을 하는 것 자체도 쉽지 않습니다. 형편이 좋지 않아서, 필요한 것이 있어서 일을 해야 할 상황이어도, 우리나라에서 학생은 공부를 해야 한다는 인식이 강하기에 청소년의 노동은 제대로 인정받지 못하고 있습니다.

대한민국은 근로 기준법 제64조에서 "15세 미만인 자(「초·중등 교육법」에 따른 중학교에 재학 중인 18세 미만인 자를 포함한다)는 근로자로 사용하지 못한다."라고 규정하고 있습니다. 즉 나이로는 15세 이상, 학교급으로는 고등학생부터 일을 할 수 있는 겁니다.

이처럼 근로 기준법에서 노동할 수 있는 나이를 정해 놓은 이유는 아동에 대한 노동 착취를 막기 위해서입니다. 국제 노동 기구에서는 아동 노동을 '아동의 잠재성과 인간 존엄성을 박탈당해 신체적·정신적 개발에 지장을 주는 강제성 노동'이라고 정의합니다. 바로 이런 아동 노동을 금지하기 위해 나이에 제한을 둔 것입니다. 또 우리 헌법 제32조 제5항에서는 "연소자의 근로는 특별한 보호를 받는다."라고 규정하고 있습니다. 하나 흔히 연소자로 분류되는 청소년의 노동은 특별한 보호를 받지 못하고 있는 것이 현실입니다.

노동력을 제공했으면 응당한 보수를 받아야 하는데, 어떤 사업주는 자기 사업장에서 일한 청소년에게 돈을 벌면 어디에 쓸지 묻고 그 대답이 마음에 들지 않으면 돈을 주지 않기도 한답니다. '어른'의 도덕적(?) 기준에 부합하지 않는, 즉 무언가를 사고 싶다거나 성형 수술을 한다거나 하는 목적으로 일을 하는 경우, 질책하며 돈을 주지 않는 겁니다. 반대로 어려운 가정 형편에 조금이라도 보탬이 되고자 알바를 한다 하면 기특하다고 칭찬하기도 한답니다. 그런데 입장 바꿔 생각해 봅니다. 만약 노동력을 제공한 사람이 성인이었더라도 번 돈을 어디에 쓸지 물어봤을까요? 돈의 사용처가 자기 기준에 맞지 않는다고 돈을 주지 않았을까요? 대답이 마음에 들면 기특하다고 칭찬했을까요? 그렇게 하지 못했을 겁니다.

그런데 유독 청소년 노동에는 어른들의 '가르침'이 끼어듭니다. 아이를 가르쳐야 하는 존재로 여기기 때문입니다. 이 가르침은 훈육, 그중에서도 징벌의 성격이 강합니다. 청소년이 보호의 존재만 되어도 다행인데, 청소년 노동 현장에서 '보호'는 언감생심입니다. 오히려 약하기 때문에 더 강도 높은 노동에 시달리고, 참견과 모욕을 받습니다.

사업주도 손님도 청소년 노동자들에게는 반말을 합니다. 욕을 하는 일도 다반사입니다. 일하다 실수했다는 이유로 뒤통수를 때리기도 하고 벽을 보고 서 있게도 합니다. 한 패스트푸드점에서는 청소년 노동자가 주방에서 빵을 태웠다는 이유로, 탄 빵을 그 청소년의 입에 쑤셔 넣기도 했습니다. 최저 임금도 지키지 않는 사업주가 많고 임금 체불도 상시적으로 일어납니다. 손님이 없는 시간에는 집에 갔다가 다시 오라고 하는, 이른바 '꺾기' 관행도 여전하고 몇 분 지각했다고 한 시간의 시급을 주지 않기도 합니다. 일하다 다쳐도 산재 처리를 해 주지 않고, 오히려 손해를 봤으니 배상하라고 요구하기도 합니다. 여덟 시간을 넘어 열두 시간까지 일하는 경우가 빈번하고, 일이 힘들어서 처음에 정한 노동 시간을 다 채우지 못하고 그만둔 청소년 노동자에게 일당으로 돈을 준다며 돈을 전혀 지급하지 않기도 합니다.

근로 계약서는 쓰지도 않고, 설사 근로 기준법을 좀 알더라도 사업주에게 항의조차 하지 못합니다. 해고도 자주 이뤄집니다. 일회용품처럼 취급받습니다. 그래서 필요할 때는 틀고 필요 없을 때는 잠그는 수도꼭지에 빗댄 '수도꼭지 고용'이 청소년 노동 현장에서 이뤄집니다. 문제는 이런 일을 겪은 청소년 노동자가 생각보다 많다는 겁니다.

2012년에 고용 노동부가 발표한 「2011년 청소년 아르바이트 실태 조사 보고서」에 따르면 조사 대상 청소년 2,851명 가운데 노동 경험이 있는 청소년이 29%에 이릅니다. 청소년 세 명 중에 한 명이 아르바이트로 일해 본 경험이 있는 겁니다. 사실 말만 아르바이트지 실제로 일하는 시간은 무척이나 길었습니다. 하루에 여섯 시간을 초과해 일하는 비율이 45.6%였고, 여덟 시간을 초과하는 경우도 27.7%에 이르렀습니다. 그리고 청소년 노동자 중 절반 이상이 최저 임금도 못 받고 일을 하고 있는 것으로 나타났습니다.

우리 헌법에서 노동(근로)은 권리이자 의무입니다. 하지만 청소년들의 노동은 권리도, 의무도 되지 못합니다. 공부 대신 일을 하는 것만으로 청소년 노동자들은 '비정상'으로 취급받습니다. 사회가 마련한 일정한 틀 밖에 있다는 이유로 이들은 정당한 노동의 대가를 받지 못합니다. 청소년의 노동을 의무로 인식하지 않기 때문에 이들은 노동자의 권리도 제대로 누리지 못합니다.

청소년 노동을 바라보는 사회의 시선이 얼마나 비뚤어져 있는지에 대해, 한 청소년 노동자가 다음과 같이 말했습니다. 아르바이트를 구하는 청소년은 노는 애고, 막 다뤄도 된다는 식으로 바라보는 시각이 있다고 합니다. 그래서 월급을 줄 때에도 선심을 쓰듯이, 마치 용돈을 주는 것처럼 주고요. 그는 이런 반응이 청소년은 노동해서는 안 되는 존재라는 인식이 밑바탕에 깔려 있기에 나오는 것이라고 이야기합니다. 그리고 청소년들이 일을 하는 이유는 다양한데, 청소년이 무언가를 욕망하는 것 자체를 사회가 나쁘게 보는 것 같다고 했습니다.

그렇습니다. 청소년들은 노동하면 안 되는 존재로 보는 것, 그것이 문제입니다. 노동을 용돈 벌이 수준으로 격하시키는 것도 문제입니다. 바로 이러한 문제 때문에 청소년 노동이 분명 존재하고 또 갖가지 방식으로 노동력 착취와 모욕이 이뤄지고 있는데도, 고통받고 있는 청소년이 분명 존재하는데도 청소년 노동자의 권리가 개선되지 않는 것입니다. 학생의 본분은 공부라는 관념에서 벗어나 있다는 이유로 이들의 노동은 인정받지 못하고 있습니다. 근로 기준법상 15세 이상은 얼마든지 노동을 할 수 있는데도 말입니다.

'어린 시민'을 논하는 글에서 청소년 노동에 대한 이야기를 하는 것이 생뚱맞아 보일 수도 있습니다. 하지만 앞서 말했듯 경제적인 독립이 이뤄질 때 개인의 독립이 가능하고, 청소년의 노동과 성인의 노동이 동등하게 인정될 때 시민의 동등성도 인정받을 수 있습니다. 그런데 우리 사회에서 청소년 노동 현장은 경제적 독립을 이루는 공간이기보다 약자가 어떻게 착취당하는지를 학습하는 공간이 될 뿐입니다.

또 청소년 노동 현장은 보호를 가장한 억압의 공간이 되기도 합니다. 근로 기준법 제66조(연소자 증명서)에서는 "사용자는 18세 미만인 자에 대하여는 그 연령을 증명하는 가족 관계 기록 사항에 관한 증명서와 친권자 또는 후견인의 동의서를 사업장에 갖추어 두어야 한다."라고 규정하고 있습니다. 청소년이 노동을 할 경우 부모로부터 동의서를 받아 사업주에게 내야 하는 것입니다.

15세 이상인 사람은 누구나 노동을 할 수 있게 해 놓고선 18세 미만인 자에게 부모나 후견인의 동의서를 받게 한 이유는 무엇일까요? 저는 이 조문이 청소년을 어른에게 예속된 존재로 보는 하나의 증거라고 생각합니다. 노동은 할 수 있지만, 그 노동 사실을 보호자가 반드시 알아야 한다는 것이죠. 공부를 해야 할 아이들이 노동을 한다는데 부모님 허락은 받았는지 확인하고자 하는 겁니다. 청소년의 노동은 아주 예외적인 일이라는 것이죠.

그렇게 예외를 만들면, 그 예외에 해당하는 청소년 노

동자는 없는 존재가 되어 버립니다. 신경 쓰지 않아도 되는 존재가 되어 버립니다. 이러한 현실이 사업주들이 마음 놓고 청소년들의 노동력을 착취할 수 있는 배경이 됩니다. 그 와중에 청소년은 독립적인 존재가 아닌 착취와 예속의 대상으로 머물 뿐입니다. 당연히 '시민'은 꿈도 꾸지 못하는 상황이죠.

청소년은 자기 목소리를 낼 수 있는 방법도 마땅히 없습니다. 투표권이 없기 때문에 정치의 영역에서 큰 힘을 발휘하기 힘듭니다. 그러다 보니 청소년 노동 정책에 청소년들의 목소리가 들어갈 여지가 없습니다. 시민으로서 인정받지 못하기 때문에 벌어지는 일입니다.

갈 길이 멉니다. 해결해야 할 숙제도 많습니다. 청소년 노동 실태에 대해 정확하게 파악하고 위법을 저지르는 사업자를 규제하며, 청소년을 대상으로 노동 교육을 강화하고 청소년 노동자의 권리를 보호하는 정책을 만드는 등 아주 많지요.

하지만 저는 무엇보다 성인의 노동이 존중받듯 청소년의 노동도 존중받는 것이 가장 필요하다고 생각합니다. 성인의 노동이 권리이자 의무이듯, 청소년의 노동 또한 권리이자 의무가 되어야 합니다. 공부 대신 일을 택하거나 공부와 일을 병행해도 아무도 이상하게 보지 않고, 동등하게 여겨야 합니다. 어린 나이에 일을 하니 불쌍하거나 기특하다는 생각, 온정을 베풀거나 보호해야 한다는 생각, '까진 애'나 '노는 애'로 여기는 생각을 하지 말아야 하고요. 그저 노동력을 제공했으면 그에 합당한 대가를 받는 것이 상식으로 자리를 잡으면 좋겠습니다. 노동은, 그 자체로 존중받아야 하니까요.

아직 어린 애들이 뭘 안다고

시민으로서 사회적 발언을 하는 데에는
나이와 자격이 필요 없습니다

고등학교 때 풀리지 않는 의문이 있었습니다. 4·19 혁명 당시 대학생보다 고등학생이 먼저 독재 타도를 외치며 거리에 나섰다는 사실을 알고부터였습니다. 저는 암묵적으로 정치나 사회 문제에 직접적으로 나서는 것은 대학생이 되어서야 가능하다고, 아니 대학생이 되어서도 그렇게 해서는 안 된다고 배웠습니다. 전두환 - 노태우로 이어지는 군사 독재 시절에 학교를 다녔기에, 정치적이고 사회적인 문제를 비판하기 위해 거리로 나가 시위에 참여한다는 건 꿈조차 꾸어서는 안 될 일이었습니다.

이런 상황에서 4·19 혁명에 대해 알게 된 후 생각했습니다. '고등학생이 그래도 되나?', '그때는 고등학생도 성인으로 인정받아서 그랬을까?', '그렇게 나서도 문제가 없었나?', '그런데 왜 지금은 안 되는 거지?' 등을 말입니다. 그때는 이 의문을 누구에게도 물어볼 수 없었습니다. 마땅한 대답을 해 줄 만한 사람이 없어 보였기 때문입니다.

제가 고등학교에 다니던 시절, 학생이 정치적인 문제에 대해 발언하는 행위는 금기였습니다. 아니, 정확히 말하면 그런 데 관심을 가질 여력이 없었습니다. 평일에는 정규 수업이 끝나도 자율 학습 때문에 밤 열 시까지 학교에 남아 있어야 했습니다. 당시에는 토요일에도 오전 수업을 했는데 그 수업이 끝나고도 오후 여섯 시까지, 고등학교 3학년이 되어서는 일요일에도 오전 아홉 시부터 오후 여섯 시까지 학교에 있어야 했습니다. 학교에 있는 시간이 집에 있는 시간보다 월등히 많았죠. 잠은 부족했고, 공부하는 것도 벅찼습니다. 사회가 어떻게 돌아가고 있는지, 왜 대학생들이 거리에서 시위를 하는 지, 교과서에 대

문짝만 하게 실려 있던 대통령이 국민을 학살한 나쁜 사람인지조차 몰랐습니다. 그렇게 고등학교를 졸업하고 대학에 들어가고 나서야 시야가 조금 열렸습니다.

상황이 이럴진대 4·19 때처럼 부당한 정치권력에 맞서고자 중·고등학생이 나설 수 있었을까요? 공부가 지상 최대의 과제이고, 대학 입시에 모든 생활을 맞춰야 하는 학생들이 부당한 정치권력이나 사회 문제에 시선을 돌릴 수 있었을까요? 행여 시선을 돌리고 거리로 나간들 그들의 목소리가 '어른 시민'의 주장과 동등하게 받아들여질 수 있었을까요?

청소년들은 학생이라는 신분에 갇혀 공부만 해야 하는 존재로 규정됩니다. 일직선을 그어 놓고 그 길만 가게끔 하는 겁니다. 만약 그 선에서 조금이라도 벗어나면 '일탈', '비행'이란 낙인이 찍힙니다. 이들이 공부 외의 것에 관심을 가지면 그것은 불경한 일이 됩니다. 학생들은 자신의 생각과 사상을 표현하는 일에도 부모나 교사의 허락을 구해야 하는 상황에 처합니다. 청소년은 미성숙하다는 도식 때문입니다. 덜 성장했다고, 덜 성장한 생각이라고 하며 우리 사회는 그들의 표현과 실행을 불허합니다.

마치 허락할 권리라도 있는 듯 어른 시민은 이들의 사상의 자유를 억압합니다. "아직 어린 것들이 뭘 안다고!" 하면서 말입니다. 그런데 과연 모를까요?

1919년에 있었던 3·1운동의 주역 중 한 명인 유관순은 당시 이화 여자 고등 보통학교에 다니던 열일곱 살의 청소년이었습니다. 또 서울 전동 보통학교에 다니던 10대 초반의 학생 네 명은 보통학교는 아이들을 모아 노예로 삼으려는 장소라고 외치며 교실 유리창을 깨뜨리는 시위를 했습니다. 4·19 혁명 이후에 시민 대표들이 이승만 대통령을 만났을 때 대표들 중에는 설송웅이란 고등학생이 포함되어 있었습니다. 이러한 역사적 사실들은 청소년들이 미성숙하다고 주장하는 사람들이 드는 근거가 얼마나 미약한지를 보여 줍니다.

그런데도 부모와 교사 등 어린 시민과 가장 가까운 어른 시민은 아이들이 학교 내의 부당함과 학교 밖의 부조리함을 외면하기를 바랍니다. 그래야 좋은 대학에 갈 수 있고, 온전한 성인으로서의 생활을 꾸려 갈 수 있다고 여기는 듯합니다. 사회 문제에 관심을 끄고, 공부만 하고 제 앞길만 생각하라는 것이겠지요.

이렇듯 학교 안에서 이루어지는 교육은 민주 시민을 기르는 것과는 거리가 멉니다. 학교에서 갈등이 생기면, 그 갈등은 교사나 교장 등 관리자에 의해 일방적으로 조정되고 봉합됩니다. 학교 폭력이 벌어지면 가해자 부모와 피해자 부모를 대면시켜 합의를 하도록 유도하고, 되도록 외부에 알리지 않은 채 사건을 수습하기 급급합니다. 이 과정에서 학교 폭력의 원인을 짚어 보고 대안을 모색하는 기회는 원천 봉쇄됩니다. 서둘러 이 불경한 일을 마무리 지으려고만 합니다. 수술칼을 몸속에 둔 채 서둘러 상처를 봉합하는 것과 마찬가지입니다. 행여 학교 폭력이 외부로 알려져 학교에서 재량껏 처리(?)할 수 있는 범위를 벗어나면 법이 끼어듭니다. 이때부터는 '법대로'입니다. 누군가는 처벌을 받고, 누군가는 신상이 알려져 도망치듯 학교를 옮겨야 하죠.

이 사이에 민주적인 토론과 숙의가 있었다면 어땠을까요? 스스로 갈등을 조정하고 서로의 입장에 공감할 수 있는, 그러한 교육 제도가 자리를 잡았다면 어땠을까요? 적어도 문제가 극단으로 치닫지는 않았을지 모릅니다.

우리의 학교 교육은 민주 시민을 키우는 교육이 아닙니다. 민주 시민 교육의 가장 중요한 목표 중의 하나는 정치적 이념이 다른 시민들이 서로를 존중하며 평화롭게 공생하는 관용의 질서를 어떻게 만들어 낼 수 있는지를 시민들이 배우고 익히게 하는 것입니다. 서로의 차이를 감내하며 함께 살아갈 수 있는 자세와 태도를 갖춘 시민들이 없다면 민주주의는 건강하게 유지될 수 없습니다. 그럴 때에 학교 교육 현장과 우리 사회는 민주주의와는 거리가 멀어지고, 또 계속 멀어질 수밖에 없습니다.

우리 사회는 차이를 차별로 바꾸어 놓습니다. 또 청소년들을 대할 때도 존중과 평화, 공생과 관용의 질서가 아닌 배제와 처벌, 침묵의 질서를 우선순위에 둡니다. 특히 어른들이 정해 놓은 길에서 청소년들이 벗어나 정치적인 목소리를 내고 사회적인 문제를 해결하기 위해 사회로 뛰어들려고 할 때, 평소 가라앉아 있어서 잘 보이지 않던 이런 억압의 질서가 수면 위로 드러납니다.

2008년 이명박 정권 시절, 미국산 쇠고기 수입 반대를 외치며 거리로 나선 청소년들의 상황을 살펴보면, 그들이 결코 어른 시민과 동등한 대우를 받지 못했음을 확인할 수 있습니다. 당시 청소년들은 촛불 집회 현장에서 동등한 운동의 주체로 인정받지 못했고, 대개는 기특하고 희망찬 미래라고 칭찬을 받거나 심부름을 하는 아랫사람, 심지어 나이를 무기로 전경 앞에 내밀 수 있는 방패막이로 치부되기도 했습니다.

청소년에 대한 이러한 시선은 보수와 진보를 가리지 않고 나타납니다. 부당한 정권에 맞서 촛불 집회에 나선 청소년들을 두고 기득권을 유지하려는 보수 측은 '아무것도 모르는 청소년들이 누군가에게 선동돼 거리로 나선 것'이라며 배후설을 주장했고, 진보 측은 '우리나라의 미래를 생각하는 기특한 존재'라고 여겼습니다. 심지어 어른들이 제대로 된 세상을 만들지 못해 책상에 앉아 공부를 해야 하는 청소년들까지 거리로 나서게 만들었다며 부끄러워하기도 했습니다. 이런 시선이 선의에서 나왔다고 해도, 모두 청소년을 어른과 동등한 시민으로 인정하지 않는 태도에 불과합니다. 정치적인 목소리를 내는 청소년을 주체적인 존재가 아닌 보호하고 이끌어 주어야 하는 존재로 격을 낮추는 것입니다. 청소년 운동가들이 인권단체에서 활동하며 불편함을 느끼는 것도 바로 이 지점이라고 합니다.

이런 상황에서 부당한 사회를 향해 내지르는 일갈과도 같은 목소리는 제 힘을 내지 못합니다. 말의 무게가, 주장의 무게가 어른과 같지 않은 것입니다. 정치·사회적인 문제에 대한 청소년의 동참과 발언을 이렇게 격하하면 그렇지 않아도 자기 목소리를 내기 힘든 청소년들은 자기 언어를 가질 수 없게 됩니다. 무슨 말을 하든 아직 어린 이가 하는 말이라 생각하기 때문에 귀담아들을 필요도, 말의 무게를 재어 볼 필요도 없는, 그런 언어가 될 뿐입니다. 그래서 청소년 운동가들은, 장애인이 사람들을 장애인과 비장애인으로 나눔으로써 장애와 상관없이 모두가 동등함을 내세웠듯이, 청소년과 비청소년이란 언어를 사용하며 주체의 동일성을 내세웁니다. 그럴 때 청소년이 보호와 미성숙의 도식에서 벗어날 수 있기 때문입니다. 하지만 이 언어는 아직 많이 알려져 있지 않습니다. 아니, 관습의 벽을 뛰어넘지 못하고 있습니다.

　그런 의미에서 청소년의 정치 참여나 사회 참여를 바라보는 시선은 연예인의 그것을 바라보는 시선과 비슷합니다. 특정 연예인이 정치적인 발언을 하거나 사회 문제에 제 목소리를 낼 때 그를 바라보는 시선은 극명하게 나뉩니다. '아무것도 모르는 딴따라가 건방지게 정치에 대해 얘기한다'는 시선이 한쪽의 극단을 차지하고 있다면, 또 다른 극단에는 '연예인인데도 사회적인 발언을 하는 것을 보니 참 의식 있는 사람이네.' 하는 시선이 자리하고 있습니다.

　정치와 사회의 영역에서만큼은 무색무취여야 한다고 연예인을 규정해 놓고, 그 사람이 시민으로서의 목소리를 낼 때 사람들은 양극단을 오가며 그 연예인에 대해 저렇게 '품평'을 합니다. 즉 무시와 추앙 사이에서 연예인을 한 인간으로, 민주 사회의 한 시민으로 인정하지 않는 것입니다. 시민이라면 누구나 할 수 있는 말을 했음에도 그의 사회적인 발언에 동의 또는 이의를 표하는 것이 아니라 그가 그런 말을 할 수 있는 '자격'이 있는지를 따지는 것입니다.

때로는 청소년들의 태도를 문제 삼기도 합니다. 학교 급식이 너무 형편없어서 개선해 줄 것을 수차례 요구해 왔음에도 그것이 받아들여지지 않자 결국 급식을 거부하는 것으로 집단행동을 벌인 학생들이 있었습니다. 교사들은 아이들의 말이 아무리 옳다 하더라도 저렇게 집단행동 하는 것은 용납할 수 없으며 저런 식의 집단 항변을 한번 들어주기 시작하면 아이들은 계속해서 더 심한 요구를 할 것이라 말했습니다. 교사가 나서서 학교 급식을 개선할 것을 요구했어야 하는데, 그걸 하지도 않았으면서 학생들의 급식 거부만을 문제 삼은 겁니다.

청소년은 학교 내의 문제에서, 또 정치·사회적인 문제에서 '배제되어야 하고 이를 어길 시 처벌받아야 하며, 종국에는 공부 외의 사회적인 문제에 침묵할 것을 강요당합니다. 그 침묵은 생각보다 너무나 오랫동안 지속되었습니다. 주머니를 뚫고 나오는 송곳처럼 강요된 침묵을 거부하고 자신의 목소리를 꾸준히 높여 온 청소년들도 있었습니다만, 이들 역시 어른들의 편견을 극복하려다 지쳐 갔습니다.

　이제 그 편견의 덫을 치울 때입니다. 어리다고 사리분별을 못하지 않습니다. 청소년들이 할 말을 못한 채 끙끙 앓다가 결국 송곳이 되어서야 제 할 말을 할 수 있는 사회가 아니라, 벼랑 끝에 선 심정으로 위험을 감수하며 어마어마한 용기를 내야만 말할 수 있는 사회가 아니라, 나이와 자격을 불문하고 자유롭게 자신의 의사를 표현할 수 있는 사회가 되기를 바랍니다.

얼마나 잘하는지 결과로 증명해 봐

경쟁은 선(善)이 아니라는 걸,
민주 사회의 적이라는 걸 깨쳐야 합니다

첫아이가 좋아하던 동화책이 있었습니다. 그 책을 거의 매일같이 읽어 주었습니다만, 어느 때부턴가 제가 거부했습니다. 읽는 내내 영 불편했고 어떤 에피소드에서는 기함까지 했거든요. 그 책은 『토마스와 친구들』이라는 시리즈 동화책이었습니다.

그 동화책이 불편했던 이유는 거의 모든 에피소드에서 '쓸모'와 '성과', '능력'을 강조했기 때문입니다. 동화책에 등장하는 철도 회사의 '뚱보 사장'은 항상 '쓸모'를

입에 올리며 그에 따라 기관차를 평가합니다. "그래야 쓸
모 있는 기관차지."라는 식으로 말이죠. 만약 그 기관차
가 무생물로 그려졌다면 이리 불편하진 않았을 겁니다.
하지만 이 동화책에 등장하는 기관차는 사람, 그중에서
도 아이와 같습니다. 말도, 생각도, 행동도 할 줄 아는 존
재인 거죠.

이 기관차들은 '누가 더 빠른가, 누가 더 힘이 센가, 누
가 화차를 잘 다루나, 누가 안전하게 객차를 끌 수 있나',
즉 능력이 얼마나 있는가를 겨룹니다. 그 과정에서 때로
욕심을 부리기도 하고, 때로는 눈물겨울 만큼 노력하기
도 합니다. 자신이 더 빠르다는 이유로 다른 기관차를 무
시하거나 비웃는 모습은 아주 당연하게 그려집니다.

어떤 에피소드에는 자기들과 다른 모양의 구조 기관차
가 들어왔을 때 생김새가 다르다는 이유로 모든 기관차들
이 그 기관차를 비웃는 장면도 나옵니다. 인종주의와 같
은 논리입니다. 그러다 사고가 나고 구조 기관차가 그것
을 수습하는 모습을 보고 나서야, 구조 기관차에게 사과
합니다. 눈부신 성과를 보고 나서야 능력이 있다는 것을

보고 나서야 자신들과 같은 기관차로 인정한 겁니다.

이런 책을 아이에게 읽어 주고 있었다는 것이 후회되었습니다. 이 책이 1945년에 출간된 이후, 지금까지 70년이 넘도록 전 세계에 팔려 나갔다는 사실이 씁쓸했습니다. 이런 내용이 아이들이 읽는 동화책에 아무런 여과 없이 실리고 우리 사회에 아무런 문제의식 없이 통용되고 있는 듯하여 씁쓸함은 더했습니다.

우리 사회에서 인간을 평가하는 척도 중 하나는 '쓸모'입니다. 얼마나 일을 잘하는지, 공부를 잘하는지, 성실한지, 성과를 보여 줬는지, 경쟁에서 이겼는지, 효율적으로 일하는지, 돈을 잘 버는지, 돈 받는 만큼 일하는지, 열정이 모자라지는 않은지 등등 우리는 항상 누군가에게 자신의 '쓸모 있음'을 보여 줘야 합니다. 특히 '뚱보 사장' 같은 자본가와 권력자들에게 보여 줘야 승자가 됩니다. 쓸모 있음을 제대로 보여 주지 못했을 때는 패자가 되지요. 이런 흑백 논리에 따라 인간을 평가하고, 평가의 결과에 따라 차별하는 것을 당연시합니다.

아이들 역시 이 이데올로기에서 자유롭지 못합니다.

우리 사회는 어렸을 때부터 시험과 성적표를 통해 너무나 자연스럽게 성과를 내고 성공하는 것만이, 경쟁에서 어떻게든 이기는 것이 살 길이라는 식으로 가르칩니다. 그리고 대부분의 부모는 아이에게 있는 많은 능력 중에 공부를 잘하는 것만을 능력으로 인정합니다. 경쟁에서 이겨 좋은 대학에 들어가는 것을 아이들과 부모의 중요한 성과이자 결과로 받아들입니다.

수학 능력 시험이 끝난 뒤 버스 정류장 광고판에 그전에 못 보던 광고가 붙어 있는 것을 봤습니다. 학원 광고였습니다. 이제 고등학교 3학년이 되거나 재수를 마음먹은 학생과 그 학부모를 대상으로 한 광고 같았는데, 물끄러미 광고를 바라보다 울컥했습니다. "결과로 증명하다!"라는 문구와 그 밑에 보이던 서열에 따른 대학 분류, 각 대학에 진학한 학생들의 숫자 때문이었습니다. 고등학생이나 고등학생을 자녀로 둔 부모 입장에서는 솔깃할 것 같았습니다. '결과로 증명'하는 것이 그 무엇보다 중요한 가치로 통용되는 사회이니까요.

성과와 결과, 효율과 효과, 성공과 능력을 선으로 여기는 기반에는 '경쟁은 바람직하다'는 경쟁 이데올로기가 도사리고 있습니다. 흔히 경쟁은 인간의 본성이자 이 사회를 발전시키는 원동력이라고 생각됩니다. 경쟁은 선이고, 필수인 것처럼 여겨집니다. 하지만 '생존'을 담보로 경쟁해야 한다면 어떨까요? 경쟁에서 도태되면 생존까지 위협받는 현실에서도 과연 경쟁이 선이고 필수일까요? 경쟁이 바람직하다는 이야기는 신화에 가깝습니다. 특히 우리 사회의 경쟁은 '생존 경쟁'인 경우가 더 많기 때문에 그렇습니다.

앞서 이야기했던 「토마스와 친구들」에서 기차들 간에 경쟁을 시키고, 쓸모 있어야 한다는 이데올로기를 그들에게 강조하고 주입하는 것은 '뚱보 사장'이란 권력자입니다. 그가 그렇게 주입한 이데올로기는 각 기차들에게 내면화됩니다. 경쟁에서 진 이는 비웃음을, 경쟁에서 이긴 이는 선망을 받는 것을 당연하게 여기게 됩니다. '뚱보 사장'은 쉽게 이들을 지배합니다. 그냥 둬도 알아서 경쟁하고 그 경쟁에 따른 보상은 고스란히 자신에게 돌아오니까요.

자본뿐 아니라 권력 또한 경쟁을 조장합니다. 다른 곳에 눈 돌리지 말고 오로지 어떻게 하면 잘 먹고살지에만 신경 쓰게 만듭니다. 잘 먹고살기 위해서 오로지 공부만 해야 한다는 논리가 온 사회를 지배하고 있습니다. 그런 현실에서 부당한 권력과 부조리한 시스템에 대한 저항이나 반항은 쉽게 발현되지 않습니다. 스스로 알아서 살아남아야 하기 때문입니다.

하지만 경쟁에는 영원한 승자가 없습니다. 이번 경쟁에서 이겼다 한들 강력한 경쟁자가 또다시 나타나면 도태될 수밖에 없습니다. 매일매일 살얼음판을 걷는 것처럼 누군가와 경쟁해야 합니다. 우등생과 열등생을 차별하는 학교 안 분위기가 고스란히 사회로 이어집니다. 아니, 사회가 그렇기 때문에 학교가 뒤따라가는지도 모르겠습니다. 전후야 어찌 됐든 경쟁의 승자는 이겼다는 기쁨을 누리는 것도 잠시이고, 자기 자리를 누군가 차지할지 모른다는 불안에 시달립니다. 그래서 잠재적 경쟁자를 짓밟기도 하고 승자의 권력을 아무 때고 내비치기도 합니다. 패자는 자신감을 잃고 자기 모멸감을 느끼며 스스로 존엄하다는 생각조차 하지 못합니다. 바로 그 이유 때문에 승자가 패자를 차별하는 것이 당연한 일로 통용되며 패자 역시 그걸 당연하게 여기게 됩니다.

경쟁은 선이라는 이데올로기를 깨뜨려야 합니다. 경쟁이 결코 인간의 본성이 아님을, 너무 당연하게 여기지 말아야 함을 깨쳐야 합니다. 「토마스와 친구들」의 배경이 된 산업화 시기, 즉 자본주의가 급속도로 발달하던 시기에 경쟁 이데올로기가 만들어져 각광받기 시작했음을 깨달아야 합니다.

한 인류학자가 아프리카 부족 아이들을 모아 놓고 게임을 제안했다고 합니다. 나무 옆에 맛있는 과일 한 바구니를 놓고 가장 먼저 도착한 아이에게 과일을 전부 주겠다고 한 것입니다. 경쟁이 정말 인간의 본성이라면 바구니를 향해 너도나도 뛰어갔을 테지만, 이 아이들은 달랐습니다. 손을 잡고 함께 달리기 시작한 것입니다. 바구니 앞에 도착한 아이들은 함께 둘러앉아 과일을 나눠 먹었습니다. 왜 손을 잡고 함께 달렸냐는 인류학자의 질문에, 아이들은 '우분투'라는 말과 함께 "다른 아이들이 다 슬

픈데 어떻게 나만 기분 좋을 수가 있겠어요?"란 말을 했습니다. 우분투는 아프리카 반투(Bantu)족 말로, "우리가 함께 있기에 내가 있다."란 뜻이라고 합니다.

또 다른 예도 있습니다. 마흔네 살에 노벨 화학상을 받은 미국의 화학자이자 시인인 로알드 호프만은 자신이 성공할 수 있었던 이유가 무엇인지 질문을 받았습니다. 그는 의외로 과학자에게 필요하다고 여겨지는 호기심, 창의력, 분석력 등이 아닌 '공감 능력'이라는 답변을 내놓았습니다. 이에 『이타주의자가 지배한다』(웅진 지식 하우스, 2011)를 쓴 학술 저널리스트 슈테판 클라인은 우리에게 필요한 전략은 타인을 희생시켜 최대한 많은 이익을 챙기는 것이 아니라 타인과 협력하는 것이라고 했습니다. 그러면서 협력을 고민할 때는 다른 뇌 부위가 활성화되며, 뇌는 타인의 감정을 받아들이고 타인에게 공감하며 그의 처지에서 생각할 때 훨씬 더 건설적인 해결책을 발견하게 된다고 주장했습니다.

이처럼 경쟁은 선도, 인간의 본성도 아닙니다. 우리는 다만 경쟁 이데올로기에 매몰되어 거기에 정당성을 부여

했을 뿐입니다. 경쟁으로 잃어버리는 것들을 외면하고, 경쟁 이데올로기를 내면화한 채 손오공이 부처 손바닥에서 놀 듯, 경쟁 사회에서 놀아나고 있었던 것인지도 모릅니다. 실제로 미국 미네소타 대학의 교육자이자 사회 심리학자인 데이비드 존슨과 로저 존슨 형제가 경쟁과 협력 등에 대한 122건의 연구를 분석한 결과, 협력이 경쟁보다 더 많은 성과를 거둔다는 연구가 65건, 그 반대가 8건, 차이가 거의 없다는 연구가 36건이었습니다. 경쟁보다 협력이 더 큰 성과를 내는데도 경쟁이 정말 필요할까요?

하지만 현실에서는 경쟁과, 그 경쟁에서 이기기 위해 들이대는 효율이 중요하다고 생각됩니다. 학교든 회사든 효율을 앞세웁니다. '닥치고 정답!'만을 요구하는 거죠. 정답이 나오기까지의 과정은 생략하고, 요약·정리된 것만 배우면 된다는 식입니다. 저는 이렇게 효율을 앞세우는 것이 마뜩지 않습니다. 또 어떤 문제든 정답이 있는 것처럼 여기는 것도 불편합니다. 옳고 그름이 확연히 나뉘지 않고, 정해진 답이 없는 문제가 얼마나 많습니까? 그런데도 정답이 있는 것처럼 구는 것이, 정해진 답만을 말하도록 강요하는 것이 이 사회입니다.

경쟁, 성과, 성공, 효율은 민주주의 사회에서 필요한 숙의, 즉 충분히 의논하는 과정이 사라지게 한다는 점에서도 문제입니다. 모든 것이 결과로만 치환되기 때문입니다. 경쟁에서 이겼느냐, 성과를 냈느냐, 성공했느냐, 얼마나 효율적이냐만 따지고 들며 경쟁의 승자, 성과를 낸 자, 성공한 자의 목소리가 클 수밖에 없다면, 어떤 정책이나 의사 결정에서도 '과정'은 사라집니다. 협력이나 협업도 사라집니다. 권력 있는 이에게 결정을 맡겨 버리는 사태가 발생하기도 합니다. 이런 사회에서 갈등은 논의되지도 조정되지도 않습니다. 숙의가 없기 때문에, 다양한 입장 차를 확인할 겨를도 없이 단 하나의 정답, 실제 있지도 않은 정답만을 향해 내쳐 달릴 수밖에 없습니다. 빠른 의사 결정이 곧 효율인 것처럼 여겨집니다. 의사 결정에 얼마나 많은 이해 당사자들의 의견이 전달됐는지는 논의 대상도 되지 못합니다.

어린 시민들도 이 논리에 익숙해져 있습니다. 경쟁에서 살아남으려면 오로지 공부를 통해서 성과를 내야 하고, 좋은 대학에 진학하는 결과를 보여 줘야 합니다. 성과와 결과를 빨리 내기 위해 효율을 앞세워야 하고 이를 통해 자신의 능력을 입증하고 성공해야 한다는 것을 이들은 이미 알고 있고, 내면화했습니다. 그래서 원래 기계의 사양을 뜻하는 '스펙'(specification)을 쌓기 위해, 그러니까 기계처럼 자신의 사양을 높이기 위해 너무나 힘겹게 노력보다 더 큰 노력인 '노오력'을 하고 있는 겁니다.

타자를 인정하고 타자와의 의견 차를 용인하며 토론과 논의, 협의와 합의를 통해 갈등을 조정하는 것이 민주주의 사회의 모습입니다. 그러나 경쟁은 이 모든 것을 불가능하게 만듭니다. 공동체를 파괴합니다. 서로를 경쟁자로 인식하니 믿을 사람이 없게 됩니다. 인간은 사회라는 공동체 안에서 살 수밖에 없습니다. 그 공동체가 승자독식 사회로, 1대 99 사회로, 부와 권력의 세습으로 인한 신분 사회로 바뀌어 갈 때 그 안의 인간은, 또 민주주의는 설 자리를 잃습니다.

경쟁은 선이라는 신화를 깨뜨려야겠습니다. 경쟁을 부추기고 내면화하려는 시도가 민주주의의 적이라는 사실도 크게 이야기해야겠습니다. 우리에게 필요한 건 '우리가 함께 있기에 내가 있다'는 '우분투의 정신'일 것입니다.

교육이 정치적 중립을 지켜야지

정치적 행동을 하지 못하게 막는 것이
더 정치적입니다

시민, 인민, 국민, 민중. 한 사회의 구성원을 일컫는 말
은 이처럼 다양합니다. 이 낱말들을 명확히 구분 짓기는
여러모로 힘들지만, 민주주의 사회의 구성원을 보통 시
민으로 부릅니다. 국민은 그 사회가 민주적이든 그렇지
않든, 한 국가의 구성원을 뜻합니다. 전체주의 국가의 구
성원을 국민이라 부를 수 있지만 시민이라 부를 수는 없
습니다. 대표자를 자기 손으로 뽑기 힘들고, 부당한 권력
에 저항하기도 힘들기 때문입니다. 인민과 민중은 국민

이 되기 전, 그러니까 근대 국가가 출현하기 전부터 존재하고 있던 사람들을 뜻합니다. 백성이란 말과 일맥상통한다고 할 수 있죠.

이에 비해 시민은 민주주의를 실현하는 적극적인 주체로서의 역할을 합니다. 민주주의 사회에서 시민 누구나 통치자가 될 수 있고, 피통치자로서 국가의 의사 결정에 참여할 수 있습니다. 또 정부가 시민의 뜻과 다른 방향으로 갈 때 선거나 집회 등을 통해 정부를 '해고'할 수 있습니다. 이런 시민의 권리를 행사할 수 있는지 여부가 민주주의 사회인지를 가늠하는 척도가 됩니다.

시민은 민주주의 사회를 유지하는 데 필수적인 존재입니다. 이들이 시민으로서의 권리를 제대로 누리지 못하고 시민으로서의 뜻을 정부에 제대로 전달하지 못할 때, 국민으로서의 의무에만 함몰될 때 민주주의의 가치가 훼손될 수 있습니다. 1960년 4·19혁명, 1980년 5월 광주 민주화 운동, 1987년 6월 항쟁, 2008년 미국산 쇠고기 수입 반대 촛불 시위, 2016년 박근혜 탄핵을 위한 촛불 집회 등 부당한 권력에 저항했던 역사를 돌이켜 보면 시민의 역할이 얼마나 중요한지 알 수 있을 겁니다. 민주주의가 훼손되고 침탈당할 때마다 시민들이 투표나 시위를 통해 저항했고, 그로써 민주주의는 유지될 수 있었습니다.

저는 이런 역사가 기적과도 같다고 생각합니다. 시민들이 이런 시민성, 혹은 시민권을 스스로 자각하는 것은 그리 쉽지 않기 때문입니다. 그런데도 시민들은 참다 참다 한계에 다다랐을 때 저항의 형식으로 시민권을 발현시켰습니다. 어렸을 때부터, 또 성인이 되고 나서도 시민보다 국민으로서의 정체성이 허락(?)된 사회였기에, 시민들의 자발적인 움직임이 무척 놀라웠습니다.

우리 사회는 민주주의 사회임에도 민주주의와 시민의 역할에 대한 별다른 교육이 이뤄지지 않았고, 지금도 마찬가지입니다. 부당한 권력에 맞서는 것은 고사하고, 정치와 사회에 관심을 가지고 제 목소리를 내는 것조차 억압당합니다. 그러면서도 학교에서는 국민의례를 거행하며 애국심과 국민으로서의 의무를 강조합니다. 가슴에 손을 올리고 부동자세로 국기에 대해 경례하며 "나는 자랑스러운 태극기 앞에 자유롭고 정의로운 대한민국의 무궁한 영광을 위하여 충성을 다할 것을 굳게 다짐합니다."라는 충성 맹세까지 해야 합니다. 대한민국의 무궁한 영광을 위해 충성을 다할 것을 굳게 다짐한다는 저 말이 소름 끼칩니다. 충성 외에는 그 어느 것도 허용하지 않는 듯해서입니다. 국민을 국가에 충성하는 존재로만 생각하는 듯해서입니다. 바늘 하나 들어갈 틈이 없는 꽉 짜인 애국의 논리 앞에 숨이 막힐 정도입니다.

국가에 대한 충성은 너무나 쉽게 정권에 대한 충성으로 둔갑해 왔습니다. 정권에 대한 저항은 국가에 대한 부정이라며 단죄되었습니다. 저항하는 시민들을 빨갱이, 종북, 국가 전복 세력, 사회 불안 조장 세력 등으로 규정짓고, 탄압해 왔습니다. 독재 정권에 반발하여 시민들이 거리로 나왔을 때 정부는 정치는 정치인에게 맡겨 둘 것을, 학생은 학업에 국민은 생업에 종사할 것을 명령했습니다. 국민을 향해 연설을 할 때, '저는' 대신 '본인은'이란 말을 즐겨 쓰며 국민 위에 군림하는 것을 당연시하던 독재자에게 시민은 없었습니다. 그가 인정하는 국민은 정부를 해임할 수 있는 시민의 권리를 요구하는 사람이 아니라, 정권에 충성하는 사람뿐이었습니다. 저항하는 시민은 학살하거나 감옥에 넣거나 고문을 해서라도 굴복시켜야 하는 존재일 뿐이었습니다.

그 독재 정권은 1987년 6월 항쟁과 함께 사라진 듯 보였습니다. 그러나 그 이후에도 대한민국은 민주주의 사회에 가까워졌다가 멀어졌다가를 반복해 왔습니다. 어린 시민을 포함한 시민들의 저항도 반복되었지요. 다행스러운 일이기는 하지만, 저는 조금 아쉽습니다. 민주주의와 민주주의 사회에서 시민이 하는 역할에 대한 교육이 진작부터 이뤄져서 사람들이 시민성을 일찌감치 자각할 수 있었다면, 민주주의가 한없이 뒷걸음치기 전에 이를 바로잡을 수 있었으리라는 생각 때문입니다. 미국의 대통령이었던 프랭클린 D. 루스벨트는 "민주주의는 사람들이 현명한 선택을 할 준비가 되어 있지 않으면 성공할 수 없다. 그러므로 민주주의의 진정한 보루는 교육이다."라는 말을 남겼습니다. 이 말처럼 우리에게는 시민 교육이 이뤄져야 합니다. 이 교육은 모든 시민에게 필요하지만, 어린 시민에게 우선적으로 필요하다고 생각합니다.

그러나 민주주의 사회에 살고 있음에도, 대한민국이 민주 공화국임에도 민주주의에 관한 교육은 거의 이뤄지지 않고 있습니다. 시험을 위한, 다른 나라의 사례를 통한 형식적인 민주주의 교육밖에 없다고 해도 과언이 아닙니다. 왜 그럴까요? 여러 원인이 있겠습니다만 저는 학교 현장에 널리 퍼져 있는, 정치 중립성에 대한 맹목적인 신화가 큰 몫을 하고 있다고 생각합니다.

흔히 교육은 정치색을 띠지 않아야 한다고 말합니다. 자라나는 아이들에게 편협한 정치 인식을 심어 주지 말아야 한다는 논리입니다. 교사는 수업 시간에 어떠한 정치적 발언이라도 하면 안 되고, 정치적으로 중립에 서서 아이들에게 지식만을 가르쳐야 한다고 말합니다. 역사나 사회 등 정치를 다룰 수밖에 없는 수업 시간에도 정치적인 발언은 허용되지 않고, 그에 관한 토론도 마찬가지입니다. 만약 그런 발언을 하면, 아이들이 교사의 주장을 무비판적으로 받아들일 것처럼 말이죠.

교사는 정치의 영역에서만큼은 무색무취여야 하고,

학교라는 교육 현장 역시 마찬가지인 것처럼 여겨집니다. 그래야만 할 것 같고, 또 그래 왔던 것 같습니다. 허나 이는 허구에 불과합니다. 정치를 금하고, 정치에서의 중립을 지키라고 강조하는 것으로 오히려 학교는 그 정치색을 강렬하게 내비칩니다. 뭔가를 하는 것이 아니라 뭔가를 하지 못하게 함으로써 오히려 정권의 구미에 맞는 '정치 교육'을 펼치게 되는 것입니다.

세월호 사건이 일어나고 일선 학교의 학생들이 자발적으로 노란 리본을 달자 교육부는 공문을 내려 이를 금지했습니다. 교육의 정치적 중립성을 훼손하고 학생들에게 편향된 시각을 심어 줄 우려가 있다는 이유에서였습니다. 무참한 죽음을 추도하는 행위에 '정치적 중립성'을 운운한 것은 세월호 참사에 제대로 대응하지 못한 박근혜 정권의 입맛에 따른 복종에 불과했습니다.

"교육의 자주성·전문성·정치적 중립성 및 대학의 자율성은 법률이 정하는 바에 의하여 보장된다."라는 헌법 제31조 제4항은, 이승만 정권이 교사를 비롯한 공무원을 동원하여 부정 선거를 자행했던 과거를 되풀이하지 않기 위해 마련된 것입니다. 그리고 교사와 공무원의 정치적 중립은 그들이 국가 기관이나 정치 세력으로부터 자유로울 권리를 뜻합니다. 헌법의 정치 중립 조항은 교사와 공무원들이 정권의 나팔수가 되는 일을 '헌법적' 차원에서 막기 위한 조치의 결과물이었습니다. 그런데도 법 취지를 살리지 못한 채 정치 중립성을 의무로 규정하고, 이것이 청소년은 미성숙하다는 담론과 맞물리면서 교육 현장에서의 정치적 발언 자체가 금지된 것입니다.

권리였던 정치 중립성을 의무로 규정짓고 이를 금하면서 부작용이 나옵니다. 박근혜 정권이 학생들의 노란 리본 착용을 금지한 것, 전교조를 불법화한 것, 역사 교과서 국정화에 반대하는 교사들을 처벌한 것, 이명박 정권이 일제 고사 실시에 반대하는 교사들을 처벌한 것, 교사들을 동원해 미국산 쇠고기 반대 시위에 나선 청소년들을 색출한 것 등은 너무나 정치적인 행위였습니다. 이들은 정치 중립성을 내세우며 정권의 뜻에 반하는 세력을 탄압한 것입니다.

이처럼 교육 현장에서의 정치 중립성은 정권의 입맛

에 따라 달라집니다. 귀에 걸면 귀걸이, 코에 걸면 코걸이 식으로 적용되지요. 그러면서도 학생들에게는 눈 가리고 귀 막고 공부만 하라고 합니다. 시민이 정치에 관여하는 것이 민주주의 사회에서 당연한데도 정치 중립성을 논하면서 정치를 누군가의 전유물로 만든 것입니다. 이런 교육 현장에서 아이는 물론 교사도 시민이 아닙니다.

민주주의 사회에서 시민은 자신의 삶에 영향을 미치는 사회적 행위의 결과, 즉 정치에 깊숙이 관여합니다. 투표와 집회·시위·결사의 자유에 근거해서 말입니다. 정치적 입장 차에 따른 갈등의 양상을 온전히 보여 주고, 민주주의 사회에서 이를 어떻게 조정하는지, 또 과거에 시민들이 부당한 권력에 어떻게 저항해서 민주주의가 좀 더 발전할 수 있었는지, 민주적인 의사 결정 과정이 무엇이며 그 과정에서 시민이 어떤 식으로 참여할 수 있는지, 약자와 소수자에 대한 차별·혐오·폭력이 민주주의를 어떻게 훼손하는지를 어린 시민에게 알려 줘야 합니다.

그것이 민주주의 사회에서 해야 하는 시민 교육이고, 이러한 시민 교육이 제대로 이뤄질 때 소금 더 민주적인 사회로 나아갈 수 있을 것입니다. 여전히 가만히 있기만을 강요하는, 권력자에게 복종할 것만을 강요하는, 국기에 대한 경례와 맹세로 애국심을 증명해야 하는 국민을 키우는 교육은 민주주의 사회와는 어울리지 않습니다. 우리에게는 부당한 것에 저항하며 더 나은 삶을 위해 자신의 권리를 주장하는 시민이 필요합니다.

네 노력이 부족했기 때문이야

개인에게만 책임을 지우는 사회는,
사회라 부를 수 없습니다

피할 수 없으면 즐기라는 말을 곧잘 듣습니다. 피할 수 없다면, 어차피 닥쳐온 힘든 시절이라면 다 내려놓고 최대한 즐기는 마음으로 애써 보라는 말이지요. 힘들고 아프고 어려운 시절은 견디는 것조차 고통스러울 텐데 즐기기까지 하라고 합니다. 저 말을 들을 때마다 루쉰의 소설 「아Q정전」에 나오는 아Q의 '정신 승리'가 떠오릅니다. 건달들에게 맞아도 자식에게 맞은 셈 치자며, 개판 같은 세상을 조롱하면서 의기양양해하던 그 기묘한 정신

승리 말입니다. 아Q는 어떤 굴욕을 당해도 이런 정신 승리로 만족합니다. 굴욕에 시달리는 것은 그에게 굴욕을 안겨 준 이를 비웃고 세상을 비웃는, 일종의 만족감을 주는 기회가 될 뿐입니다.

'이 또한 지나가리라'는 말도 종종 듣습니다. 고통의 순간은 어차피 지나가기 마련입니다. 그러니 너무 힘들어하지 말고 시간의 흐름을 기다리라는 말이지요. 저는 이 말을 들을 때마다 '거꾸로 매달아도 국방부 시계는 돌아간다'는 말이 떠오릅니다. 모두 결국에는 지나갈 테니 아등바등하지 말라는 의미입니다.

때로 저 말들이 작은 위로가 되기도 하지만 문제 해결과는 전혀 상관이 없습니다. 피할 수 없을 만큼 어려운 일은 견디기조차 힘들었습니다. '대체 왜 여기서 이러고 있나', '어서 빨리 이 힘든 일을 마무리 지어야지' 생각밖에 들지 않았습니다. 이 또한 지나가리라는 말은, 어려운 시절이 지나고 나서야 할 수 있었습니다. 힘들고 고통스러운 시기는 쉽게 지나가지 않았습니다. 시간이 훌쩍 지나고 나서야, 터널 같이 어두운 순간을 헤쳐 왔음을 깨달곤 했습니다.

아동·청소년기는 성인이 되는 과정이라고 인식됩니다. 성인이 되기 위한 통과 의례처럼 여겨집니다. 여기에 담긴 인식이 아동·청소년은 미성숙하다는 겁니다. 완전한 인격체가 형성된 사람이 아니라 계속 성장하는 사람이란 의미입니다. 그래서 이들을 보호해야 하고, 이들의 권리를 일정 정도 제한하거나 유예하는 것이 필요하다고 주장합니다.

모두 알다시피 아동·청소년기는 누구나 지나칩니다. 그런데 이 시기가 단순히 시간의 흐름만을 의미하는 것은 아닙니다. 부모와 교사를 포함한 어른들은 더 좋은 대학, 더 좋은 직장, 더 우월한 신분, 더 많은 경제적 자산을 갖게 하기 위해, 아이들에게 자유를 보류하고 권리를 유예할 것을 강요합니다. 온 사회가 그리 강요하는 것과 같습니다. 하지만 이들은 이것이 강요임을 미처 깨닫지 못합니다. 자신들도 그렇게 커 왔고, 다른 아이들도 비슷하게 크고 있다고 여기기 때문입니다. 좋은 대학, 직장 등이 이 사회에서 살아가기 위한 필수 조건이라고 생각하기 때문입니다.

'피할 수 없으면 즐겨라', '이 또한 지나가리라'는 말에는 어려운 시절을 잘 견디면 언젠가 좋은 날이 오리라는 희망의 메시지가 담겨 있습니다. 그러나 희망은 자신의 삶의 이야기를 자신이 계속 써 나갈 수 있을 때 품게 됩니다. 당장 내일 일도 불확실하고 불안정하다면 희망을 간직할 수 있을까요? 밤잠 못 자고 학교와 학원에 다니다가 좋은 대학에 들어가게 되면 당장 어마어마한 대학 등록금 걱정부터 해야 합니다. 학자금 대출을 받고 아르바이트를 하면서 학업을 이어 가다 보면 취직 걱정을 해야 합니다. 일자리라도 많으면 좋으련만 청년 실업률은 해를 거듭할수록 높아져만 갑니다. 또 좋은 일자리는 한정되어 있습니다. 대학을 졸업한 이들이 공시족이되는 것도, 대기업에 목매는 것도, 좋은 일자리를 구하기위한 노력입니다. 그러나 청년들 대부분은 좋은 일자리를 얻기 어렵고 비정규직이 될 확률이 높습니다.

취직을 하더라도 끊임없이 자기 계발을 해야 합니다. 더 나은 상품이 되기 위해 스펙을 계속 쌓아야 하고, 그러다 보니 하기 싫은 공부라 하더라도 계속해야 합니다. 경쟁에서 뒤처지지 않아야 하는데 언제 누가 자신이 지키고 있는 자리를 위협할지 모르기 때문입니다. 이렇게 해야 학자금 대출도 갚고, 연애도 하고, 결혼도 하고, 집도 장만하고, 그렇게 남들 사는 것만큼 살 것 같습니다. 그러나 여전히 불안합니다.

미래에 대한 이런 불안을 극복하기 위해 부모와 아이들은 공부에 매달리고, 어떻게든 경쟁에서 승자가 되려 합니다. 그러나 이 경쟁은 시지프스의 형벌과도 같습니다. 죽을힘을 다해 돌을 산 정상까지 올려놓지만, 다음 날이 되면 다시 돌을 올려야 합니다. 절대 지나가지 않는 고통이고, 즐기기엔 너무나 가혹합니다. 멈추지 않는 경쟁의 쳇바퀴 안에서 쉬지 않고 달려야 하는 형국입니다. 정규직과 비정규직의 차이를 최소화하고, 정신노동과 육체노동의 위계화를 없애면서 소득이 너무 큰 차이가 나지 않도록 할 수 있다면, 학력이나 학벌에 상관없이 누구나 자기에게 맞는 일자리를 구할 수 있다면 이러한 생존 경쟁을 멈출 수 있을 테시만, 매년 최지 임금조차 제대로 올리지 못하는 현재로서는 요원해 보입니다.

아동·청소년, 그리고 청년들은 이런 고통의 쳇바퀴에 갇혀 있습니다. 죽을 만큼 노력하거나, 노력하다가 안 돼 스스로를 루저로 칭하며 무기력 상태에 빠집니다. 성적 하락을 비관해 청소년들이 자살하는 것은 이제 뉴스거리도 안 될 정도로 흔한 일이 되었습니다. 그러면서도 이 경쟁을, 시험을 공정하고 공평하다고 여깁니다. 시험을 통과하기 위해 어마어마한 '노오력'을 기울이는 것을 당연시합니다. 시험을 통과하지 못한 이들을 비정규직에서 정규직으로 전환하려고 하면 공정하지 않다고, 공평하지 않다고 항의합니다.

'나는 시험을 통과해 어렵게 들어왔는데 너는 그 시험을 통과하지 않고 정규직이 되려 하는 것이 공평하지 않다'는 의견은 공정함을 주장하는 것일 수 있습니다. 하지만 이 공정에 대한 주장은 위보다는 밑을 향하는 경우가 많습니다. 우리는 회장님 아들이 갑자기 임원이 되는 것에 대해서는 쉬쉬하지요. 불만이 있더라도 권력자에게 그걸 내보일 수 없기 때문입니다. 하지만 자기보다 지위가 낮은 비정규직을 정규직으로 전환하려고 하면 내부 비정규직에 대한 특혜이니 공개 채용을 거치라고 요구합니다. 그 일을 몇 년 동안 해 왔는데도 다른 이들에게도 기회를 주자고 하면서요. 그것이 과연 특혜일까요?

이 요구는 비정규직으로 그동안 일한 경력을 깡그리 무시하는 것밖에 안 됩니다. 계속 그 일을 해서 그 일에 대해 누구보다 잘 아는데도 인정할 수 없다는 겁니다. 적은 임금을 받고 언제 잘릴지 모르는 불안한 상태에서 어떻게든 그 자리를 유지하기 위해 한 노력은, 노력으로 치지 않는 겁니다. 정규직이 되려면 시험을 치고 들어오라고 하며 시험의 당락으로 승자와 패자를 구분하는 그 구조는, 결국 비정규직이라도 열심히 일하면 정규직이 될 수 있다는 희망의 메시지를 꺾는 것밖에 안 됩니다. 여기에는 '너희도 나처럼 정정당당히 시험을 치고 들어오라'는 선민의식과, '난 이렇게 노력해서 들어왔는데 너희는 날로 먹으려 해?'라는 피해 의식 내지는 보상 심리가 섞여 있습니다. 저는 이런 마음을 공정함으로 위장하는 것이라고 생각합니다.

사실 이런 습속은 어릴 때부터 길러집니다. 아이들은 성적에 따라 만들어지는 서열과 그에 따른 차별을 학창 시절에 경험하고, 그걸 당연시합니다. 대학에서도 정시로 대학에 들어오지 않은 학생들을 무시하고 편입생을 동등하게 대하지 않는 사례도 흔하게 벌어집니다. 직장에서도 마찬가지입니다. 비정규직이나 자기보다 학벌이 낮은 이를, 또 경제 상황이 좋아서 일자리가 많았던 시절에 들어온 직장 상사를 무시하기도 합니다. 자신보다 힘든 시절을 겪지 않았다는 이유입니다. 이렇게 서열 의식이 오랫동안 유지되었기에 너무나 당연하게 여기는 겁니다. 그래서 우리 사회는 자기보다 서열이 낮다고 생각되는 이들을 무시하고 멸시하는, 사실상 신분제 사회가 된 지 오래입니다.

문제는 이런 사회 구조를 바꾸기 위해 노력하기보다 각자 살 길만을 찾아 애쓴다는 것입니다. 저는 이 각자도생의 사회가 항아리에 갇힌 섬진강 참게처럼 여겨집니다. 김인호 시인의 시 「참게 이야기」 속 참게는 뚜껑 없는 항아리 안에 홀로 있으면 도망갈 수 있지만, 여러 마리가 같이 있으면 항아리 밖으로 나가려는 참게를 끄집어 내려 한 마리도 탈출하지 못합니다.

너무 가혹한 비유일 수도 있지만, 저는 이 사회에서 살아가는 우리가 참게와 비슷하다고 생각합니다. 누군가를 끌어내려야만 살 수 있다고 여기며 다른 이 모두를 경쟁자로 인식하는 모습이 그렇습니다. 잠시라도 한눈을 팔거나 영악하지 않거나 목소리가 작으면 손해를 본다는 생각이 우리를 지배하고 있습니다. 언제나 자신의 능력을 보여 줘야 하고 윗사람에게 충성을 다짐하며 자신이 다른 이보다 낫다고 여기게끔 해야 하고, 그게 아니라면 든든한 배경이라도 있어야 합니다. 영화 「내부자들」에서 학벌도 배경도 달리는 평검사에게 부장 검사가 "그러니까 잘하든지 아니면 잘 태어나든지."라고 한 말이 실감 나게 다가온 것도 이 때문입니다.

『나는 세상을 리셋하고 싶습니다』(창비, 2016)를 쓴 사회학자 엄기호 씨에 따르면 우리 사회에는 공멸, 즉 리셋을 원하는 사람이 많은 듯합니다. 누구라고 할 것 없이 차라리 전쟁이 나기를 바란다는 등, 다 망하면 좋겠다는 등의 말을 한다는 겁니다. 각자도생에 지친 겁니다. 사회가 '할 수 있다'는 명제를 끊임없이 강요하고 개인이 '난 할 수 있다'고 받아들이는 순간, 실패의 책임은 오롯이 개인에게 향합니다.

이렇게 실패의 원인은 남보다 더 노력하지 않았기 때문에, 권력을 가진 가족이 없었기 때문에, 금수저를 입에 물고 태어나지 않았기 때문으로 귀결됩니다. 그렇게 모든 책임을 개인에게 돌리고 더 노력할 것만을 주문하기 때문에, 경쟁에 지친 이들, 삶에 희망이 없는 이들이 공멸을 원하는 겁니다. 그러나 이것은 항아리 속 참게처럼 다 같이 죽자는 말밖에 안 됩니다.

이 사회에게 개인이 설 자리를 요구할 필요가 있습니다. 일자리를 늘려 달라고, 정규직을 늘려 달라고, 인간으로서 최소한의 존엄성을 지킬 수 있는 사회권을 보장하라고, 학력과 학벌에 따른 소득 불평등을 없애 달라고, 어떤 일을 하든 행복한 삶을 누릴 수 있게 해 달라고, 직업에 따른 차별을 줄여 달라고, 성에 따른 임금 차이를 줄여 달라고, 아이를 낳고 키울 수 있는 환경을 만들어 달라고, 대학 서열을 없애 달라고, 사교육을 받을 필요 없는 사회를 만들어 달라고, 고등학교를 졸업하고도 번듯한 직업을 구할 수 있게 해 달라고 요구해야 합니다. 개인의 노력뿐만 아니라 공동체의 노력을 요구해야 합니다. 그건 민주 사회의 시민으로서 당연히 요구할 수 있는 권리입니다. 개인의 인권을 지키기 위한 보루입니다.

우리 사회에서 개인은 파편화되어 있습니다. 연대와 협력의 손길이 필요하지만 각자 먹고살기에만 몰두할 수밖에 없습니다. 그렇게 사는 것이 최선이라고 배웠기에 타인을 경쟁자로 인식할 수밖에 없었습니다. 이 패러다임을 바꿔야 합니다. 타인을 '적'이 아닌 '동료'로 인식해야 합니다. 그래야 무한 경쟁의 쳇바퀴에서 벗어날 희망이라도 가질 수 있을 터입니다.

사회라는 공동체 안에서 살아가는 개인에게는 동료 시민이 있습니다. 우리에게는 남녀노소를 불문하고 내 말에 귀를 기울이며 내 의견에 동조하고, 올바르지 않은 주장에 어깨 겯고 함께 싸워 주는 동료 시민이 필요합니다. 나 또한 누군가에게 동료 시민이 될 수 있습니다. 우리는 그 동료 시민을 2016년 겨울, 전국 각지에서 열린 촛불 집회 현장에서 목격할 수 있었습니다. 그 경험을 통해 공동체가 어떻게 노력할 수 있는지, 존엄한 개인이 평등하게 만날 때 어떤 결과를 낳는지를 우리는 몸소 깨달았습니다.

어린 사람이 아니라 '어린 시민'입니다

2014년 4월 16일에 일어났던 세월호 사건을 논하지 않고 지금 우리 사회에서 아이들이 처한 상황을 말하기는 어렵습니다. 세월호는 우리 사회의 안전 시스템이 얼마나 허술했는지를 보여 준 사건일 뿐만 아니라 우리 사회의 민낯을 고스란히 보여 준 사건이었습니다.

국민의 안전을 보장해야 하는 국가가 국민의 목숨이 경각에 달렸을 때 이를 제대로 구조하지 않았습니다. 사건 이후에 제대로 된 진상 규명을 하지 않았고, 유족들을 자식들의 목숨을 담보로 보상금을 받으려는 사람으로 둔 갑시켰습니다. 또 유족들이 요구한 적도 없는, 세월호 가족 자녀의 대학 특례 입학과 병역 면제 등의 이슈가 정치권에서 나오고 언론에서 이를 확대 재생산하면서 이들에 대한 비판이 더해 갔습니다. 진상 규명을 요구했을 뿐인데 보상금 더 받으려고 술수를 부린다는 식으로 이들을 벼랑 끝으로 몰아갔습니다.

유족충이라는 혐오 표현이 횡행했고, 가짜 뉴스가 기승을 부렸습니다. 경제를 살려야 한다면서 세월호 사건에 발목 잡혀서는 안 된다는 정치인의 막말이 있었고, 언론은 이에 적극 동조했습니다. 박근혜 정권이 이를 조장했고, 또 방조했습니다. 침묵만이 강요되었습니다. 온 사회가 이들에게 가만히 있으라고 이야기한 것이나 마찬가지였습니다.

그러나 시민들은 침묵하지 않았습니다. 그 분노를 쌓아 두었고, 그것이 2016년 겨울에 터져 나왔습니다. '이게 나라냐'는 외침과 함께 말입니다. 남녀노소 할 것 없이 시민의 권리를 주장한 것입니다.

사회학자 엄기호 씨는 세월호 사건이 벌어졌을 때 청소년의 사회 참여가 보장되어 있었다면, 가장 먼저 전국의 학교에 학생들의 분향소가 만들어지고, 학생들이 애도하고, 토론하고, 분노하고, 거리 행진을 했을 것이라고 말합니다. 그것이 시민들의 참여로 만들어지는 근대 국가이자 근대 사회라는 이야기입니다. 하지만 이 나라의 교육부는 학생들이 온라인과 오프라인에서 유언비어를 유포하고 확산하는 행동을 금지하라는 내용의 '학교/학생 안정화 방안' 공문을 전국 시도 교육청에 내려보냈습니다. 보호해야 할, 아니 보호해야 한다며 자유와 권리를 앗아 간 아이들에게 다시 한번 조용히 하라고, 가만히 있으라고 강요한 것이었습니다.

아동·청소년의 사회 참여는 이들을 성인, 아니 비청소년과 동등한 존재로 볼 때 가능해집니다. 보호라는 미명 아래 저질러 온 통제를 걷어 낼 때 가능합니다. 국제 사회는 그동안 아동과 청소년에 대한 잘못된 시선과 고정관념을 교정해 왔습니다. 그 정점이 된 것이 국제적 논의를 거쳐 1989년 11월 20일에 채택된 유엔 아동 권리 협약입니다. 이 협약에서는 아동과 청소년을 보호와 시혜의 대상이 아닌 권리 행사의 주체로 인정했습니다.

구체적으로 살펴보면 이 협약에 가입한 당사국은 자신의 의견을 형성할 능력을 갖춘 아동에게는 본인에게 영향을 미치는 모든 문제에 대해 자유롭게 의견을 표현할 권리를 보장하고, 아동에게 영향을 미치는 사법적·행정적 절차를 시행함에 있어 아동이 직접, 또는 대리인이나 적절한 기관을 통해 의견을 진술할 기회를 국내법 준수의 범위 안에서 갖도록 해야 합니다. 또 표현할 권리를 가지고 사상·양심·종교의 자유에 대한 아동의 권리를 존중해야 하며, 결사의 자유와 평화적 집회의 자유에 대한 아동의 권리를 인정해야 합니다. 참고로 대한민국은 1991년 이 협약에 가입했습니다만, 앞에서 열거한 아동·청소년이 누려야 할 권리는 이 나라에서 여전히 인정받지 못하고 있는 실정입니다.

2002년 유엔 아동 특별 총회에서 각국의 아동·청소년 대표 400여 명이 아동은 문제의 근원이 아니며, 자신들은 문제 해결에 필요한 자원이고 세계의 구성원이자 시민이라고 선언했습니다. 그리고 이들을 대표한 두 명은 "어른들은 우리를 미래라 부르지만, 우리는 현재이기도 하다."라고 하며 유엔 아동 권리 협약을 준수할 것을 국제 사회에 촉구했습니다.

우리 사회에서 아동·청소년은 미래의 시민일 뿐입니다. 이들은 현재를 살아가고 있음에도 미래를 위한 존재인 것처럼 여겨집니다. 그러다 보니 미래를 위해 현재의 삶을 보류하고 유예하도록 강요받습니다. 시민성을 거세당하고 민주주의에 대한 교육도 제대로 받지 못하고 있습니다. 또 삶의 현장 곳곳에서 독립적인 존재로 인정받지 못합니다. 때로는 보호해야 하는 존재라는 이유로 권리를 제한받기도 하고, 때로는 미성숙하다는 이유로 착취의 대상으로 전락하기도 합니다.

그럼에도 불구하고 이들이 막상 투표권을 행사할 수 있는 나이가 되면 '요즘 아이들'이 정치에 무관심하다고, 사회 문제에 무관심하다고 질책합니다. 먹고사는 문제에만 신경 쓰고, 연대하지 못하고 협력하지 못한다고 꾸짖습니다. 정치에 관심을 가질 만한 여력이 없는 삶을 살게 하면서도, 막상 청년이 되면 요즘 아이들이 문제라고 비판하는 겁니다. 미래에 저당 잡힌 현재를 살게 했으면서 말입니다. 뻔뻔한 일입니다. 파렴치한 일입니다. 문제는 요즘 아이들이 아니라 이 사회인데도, 또 이 사회를 이렇게 만든 부모 세대인데도 말입니다.

대한민국에서는 선거권을 만 19세부터 가질 수 있습니다. 만 20세에서 만 18세로 낮추려고 했으나 여야의 이견 차를 좁히지 못해 타협한 결과입니다. 그때 만 18세 이하에게 선거권을 부여하면 안 된다고 한 주장의 근거는 청소년은 정치적 판단을 제대로 하지 못한다는 것이었습니다. 과연 그럴까요? 해외의 사례를 보면 청소년이 미성숙하다는 말이 허구라는 사실을 알 수 있습니다.

영국은 18세 이상에게 선거권을 부여하는데 선거권 연령을 16세로 낮추자는 움직임이 있습니다. 이를 반대하는 측에서 연구를 한 결과, 선거권이 없는 16~17세 아동·청소년이 정치적 성숙과 관련된 모든 지표에서 연령이 높은 유권자보다 낮은 점수를 받았습니다. 정치에 관심이 별로 없고 정치적 지식도 적다는 것이었습니다. 그런데 2007년부터 선거권 연령을 16세로 낮춘 오스트리아의 연구 결과는 달랐습니다. 16~17세의 아동·청소년이, 정신적 성숙성을 판단하는 지표에서 그보다 연령이 높은 유권자보다 모두 높은 점수를 받은 것입니다. 이를 놓고 16~17세 아동·청소년의 정치적 성숙성이 선거권 연령의 변화 이후에 성장했다는, 즉 선거권 연령이 16~17세 아동·청소년의 정치적 성숙성에 영향을 주고 있다는 주장이 제기되었습니다. 이를 뒷받침하는 연구 결과도 있습니다. 오스트리아에서 선거권 연령을 낮추기 전인 2004년, 16~18세 청소년에게 얼마나 정치에 관심이 있냐고 물었을 때 관심이 있다고 답한 이들이 34%였지만, 선거권 연령을 낮춘 후인 2008년에는 57%가 관심 있다고 대답한 것입니다. 이는 선거에 참여할 수 있을 때 정치에 대한 관심이 높아진다는 것을 의미합니다.

어린 시민이 미성숙하다는 담론은 그것을 내세워 아이들을 통제하려는 목적에 불과합니다. 여성도 참정권을 가지기까지 이와 같은 미성숙 담론에 시달렸습니다. 흑인 민권 운동 역시 마찬가지였습니다. 문명화가 덜되고 성숙하지 못한 인간이 따로 있다는, 그래서 그들을 시민에서 배제시켜야 한다는 논리였습니다. 이 미성숙 담론을 뚫고 나오고서야 인종과 성을 구분하지 않는 보통 선거권이 주어졌습니다. 이 시민권의 확장 덕분에 우리는 더 민주화된 사회에서 살 수 있게 되었습니다.

시민권의 확장, 이제 아동과 청소년 차례입니다. 미래의 시민이라는 허울 좋은 명분에 기대, 현재의 권리를 박탈당하는 아동·청소년에게 시민의 권리를 돌려주어야 합니다. 미래가 아닌 동시대를 함께 사는 '동료 시민'으로 인정하고, 민주 시민 교육을 받을 수 있는 권리를 부여해야 합니다. 또 학내 자치가 제대로 이루어져야 합니다. 교사의 지휘·감독하에 이루어지는 허울뿐인 학내 자치는 오히려 민주주의에 대한 부정적인 생각만 덧씌울 뿐이기 때문입니다.

우리 아이들은 그동안 가정과 학교에서 앎과 삶이 분리된 교육을 받아 왔습니다. 또 이 사회는 민주주의에 대해서 앎과 삶이 다르다는 것을 똑똑히 보여 주고 있습니다. 이 패러다임을 바꿔야 할 때입니다. 우리 사회가

1987년을 통해 정치적 민주주의를 획득했다면, 이제 복종하는 국민이 아닌 저항하는 시민의 힘을 보여 준 2016년을 기점으로, 일상에서의 민주주의를 획득하는 것이 필요합니다. 촛불 집회 당시 아이들에게 민주주의를 가르친다며 이들과 함께 나온 부모들이 먼저 나서서 일상의 민주주의를 실천하는 것이 필요합니다.

쉽지 않은 일입니다. 온 사회가 바뀌어야 가능합니다. 어디서부터 꼬인 실타래를 풀어야 할지 막막하기도 합니다. 하지만 2016년 겨울, 개인과 개인이 '동료 시민'으로 모여 거대한 변화를 이끌어 냈듯, '어린 시민'이자 '현재의 시민'을 공론화하고 이를 개인이 일상에서 실천할 때 아동·청소년을 '동료 시민'으로 인정하는 것이 불가능한 일은 아니라고 생각합니다.

이 책을 쓰면서 제 태도가 바뀐 것을 느낍니다. 지시와 명령이 줄었고, '어디서 말대답이야'란 식의 폭언은 없어졌습니다. 아이들을 동등한 시민으로 인정하려고 노력하는 와중에 그들과 대화를 하기 시작했습니다. 아직 갈 길은 멉니다만, 이 태도를 계속 지켜 나가려 합니다. 스스로를 성찰하고, 자식을 사랑한다는 제 마음이 혹여 폭력으로 가닿지는 않을지 의심하려 합니다. 성찰하려 합니다.

민주주의의 미래는 시민들에게 달려 있다고 미국의 비판적 지식인 놈 촘스키가 말했습니다. 민주주의에 완성은 없습니다. 민주주의는 진보하기도 하지만 퇴보하기도 합니다. 그때 시민이 필요합니다. 끊임없이 정부의 정책 결정에 참여하고 비판하며 때로 부당한 권력에 저항하는 시민이 바로 설 때, 민주주의를 살아가는 것으로 민주주의를 배우는 시민이 늘어날 때 시민의 권리는 지켜질 수 있습니다. 이러한 시민의 범주 안에 이제 어린 시민도 포함시켜야 합니다. 어린 시민을 동료 시민으로 인정하고 그들의 표현의 자유와 집회·결사의 자유를, 인권을 보장해야 합니다. 그래야 민주주의 사회가 조금이나마 진보할 수 있을 겁니다.

전, 그렇게, 믿습니다.

끝으로 이 원고를 발견하고 출간 제의는 물론 출간 전

과정을 이끌어 준 김현정 님과 창비교육 여러분께 감사 드립니다.

또 부족한 저를 일깨워 주고 조금 더 나은 사람으로 만들어 주고 있는 아내와 아이들 – 연우, 연두, 연하 – 에게 사랑을 담아 감사 인사를 전합니다. 항상 고마워하고 있었습니다.

그리고 이 책을 읽는 이름 모를 당신, 고맙습니다.

참고 문헌

- 『나는 세상을 리셋하고 싶습니다』, 엄기호, 창비, 2016.
- 『시민 교육이 희망이다』, 장은주, 피어나, 2017.
- 『시민의 확장』, 김효연, 스리체어스, 2017.
- 『십대 밑바닥 노동』, 이수정 외, 교육 공동체 벗, 2015.
- 『왜 학교는 질문을 가르치지 않는가』, 황주환, 갈라파고스, 2016.
- 『왜 학교에는 이상한 선생이 많은가?』, 김현희, 생각 비행, 2017.
- 『우리는 차별에 찬성합니다』, 오찬호, 개마고원, 2013.
- 『이타주의자가 지배한다』, 슈테판 클라인, 웅진 지식 하우스, 2011.
- 『인물로 만나는 청소년 운동사』, 공현·둠코, 교육 공동체 벗, 2016.
- 『조지 오웰 : 지식인에 관한 한 보고서』, 고세훈, 한길사, 2012.
- 『학교는 민주주의를 가르치지 않는다』, 박민영, 인물과 사상사, 2017.
- 『학교 민주주의의 불한당들』, 정은균, 살림터, 2017.

참고 기사

- 「2017 혐오 공화국 ②맘충·틀딱충·급식충… 초등 교실서 혐오가 자란다」, 윤오상, 『해럴드 경제』, 2017년 10월 25일 기사
- 「기간제 교사의 인권 시계는 거꾸로 간다」, 김경준, 『한국 일보』, 2016년 1월 30일 기사
- 「"동성애 이해 못 해"…교사, 부모도 혐오의 주체」, 김지원, 『경향 신문』, 2017년 10월 16일 기사
- 「소풍·교복 등 학교 일상에 숨겨진 일본 군국주의의 정략」, 황경상, 『경향 신문』, 2013년 1월 4일 기사

– 「창간 기획 – 혐오를 넘어 (1) '엄마'를 욕하며 노는 아이들… 교실이 '혐오'의 배양지가 되었다」, 특별 취재팀, 『경향 신문』, 2017년 10월 1일 기사

– 「"학교가 트라우마의 시작"…10대 성 소수자, 차별·혐오에 고통」, 이혜원, 『뉴시스』, 2017년 3월 9일 기사

– 「혐오를 멈추세요」, 이영경·김지원, 『경향 신문』, 2017년 10월 1일 기사

– 「힘이 세지는 혐오 대응법…'노!'라고 말하세요 이제부터 달라집니다」, 특별 취재팀, 『경향 신문』, 2017년 10월 22일 기사

어린 시민

어리다고 견뎌야 할 말은 없습니다

초판 1쇄 발행 2018년 10월 15일

지은이 아거
펴낸이 강일우
편집 김현정
펴낸곳 (주)창비교육
등록 2014년 6월 20일 제2014-000183호
주소 04004 서울특별시 마포구 월드컵로12길 7
전화 1833-7247
팩스 영업 070-4838-4938 편집 02-6949-0941
홈페이지 www.changbiedu.com
전자우편 textbook@changbi.com

ⓒ 아거 2018
ISBN 979-11-89228-10-1 03300